シリーズ
ニッポン再発見
6

日本の「いい会社」

地域に生きる会社力

坂本光司＆
法政大学大学院 坂本光司研究室［著］

Series
NIPPON Re-discovery
Good Company in Japan

ミネルヴァ書房

はじめに

「ニッポン再発見」シリーズに、会社!?

２０２０年オリンピック東京大会を前に今、外国人がどんどん日本へやってきています。政府も観光大国日本をめざして、外国人観光客の誘致活動に余念がありません。これまで２０２０年の訪日外国人観光客数を年間２０００万人としていた政府の目標も、２０１６年３月には４０００万人へと上方修正されました。

最近、テレビなどで、外国人が日本のよさを語ったり、外国人から日本の魅力を、あらためて教えてもらったりしているようすなどが映し出されることがあります。日本にやってくる外国人のなかには、日本人以上に、日本の魅力を知っている人が大勢います。日本人として、もっと日本の魅力を知りたいものです。

ところが、そうして語られることは、日本の伝統文化や習慣であったり、日本語であったりです。もちろん、それらが日本の魅力、わたしたち日本人が「再発見」したほうがよい「ニッポン」だということはよくわかります。

しかし、わたしたちは、そうしたもののほかに、「ニッポンの会社力」というのもあ

ると考えているのです。

しかも、わたしたちがいいたいのは、2015年の販売台数が1015万台で4年連続世界一を達成したトヨタ自動車とか、お尻を洗う文化を世界に提案したTOTO（「シリーズ・ニッポン再発見『トイレ』」で紹介）といった、世界に誇る大企業や有名企業のことだけではありません。そうした企業なら「再発見」しなくても、その魅力は周知のとおりだからです。

わたしたちは、全国津々浦々でがんばっている会社を、一人でも多くの日本人に「再発見」してもらいたいと願っているのです。

そこで、総勢60人で、この企画をスタートさせました。坂本光司先生をまじえて、全員で議論をして会社を精選したうえで、遠方であっても実際に足を運び、会社の方たちに直接取材してきました。そして、取材した内容をゼミで発表し、原稿になるようにがんばってきました。

議論していくなかで、わたしたちにはいっそうの確信が生まれました。わたしたちが取りあげた会社を知ることも、間違いなく「ニッポン再発見」になると。日本にはこうした会社があって、そうした会社ががんばっている国であることを、多くの読者のみなさんに知ってもらえれば、大変うれしく思います。


法政大学大学院政策創造研究科「坂本光司研究室」一同

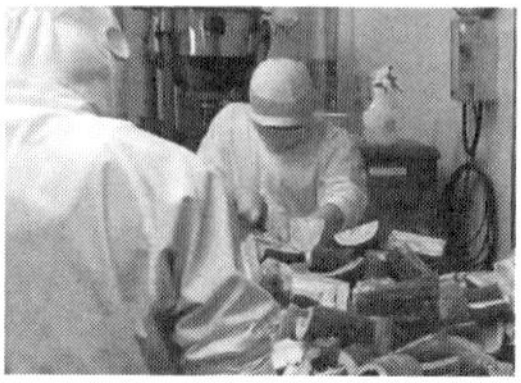

取材・執筆：法政大学大学院政策創造研究科「坂本光司研究室」

法政大学大学院政策創造研究科は、愛称を地域づくり大学院ともいい、政策づくり、地域（都市）づくり、産業創出を担う高度専門職業人養成を目的として２００８年に設立された。

「坂本光司研究室」には、坂本光司氏の理念を学ぶべく集まった社会人ゼミ生60余名が所属。経営者、公認会計士、税理士、社会保険労務士からＮＰＯ法人代表、心理カウンセラーまでさまざまな職種の人たちが調査・研究をおこなっている。

坂本氏との共著書に、『〝弱者〟にやさしい会社の話』（近代セールス社）、『「日本でいちばん大切にしたい会社」がわかる１００の指標』（朝日新書）、『小さくてもいちばんの会社　日本人のモノサシを変える64社』（講談社）ほかがある。

この本では、小さくても世界に誇れる中小企業の経営実態の調査・研究活動として、すばらしい取り組みをしている全国の中小企業に取材をおこない、６か月を費やして原稿にまとめた。

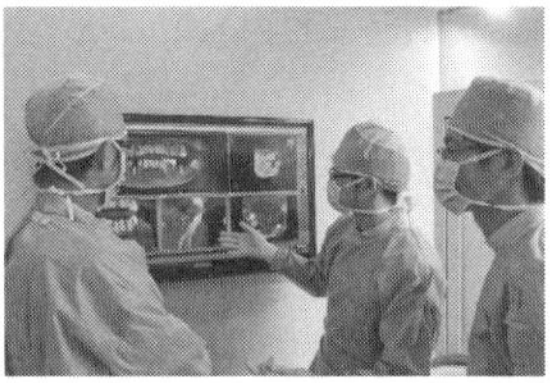
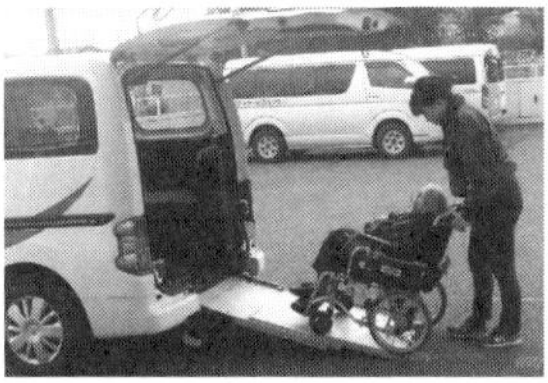
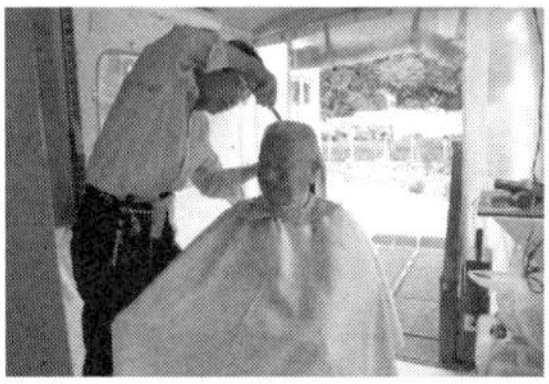

目次

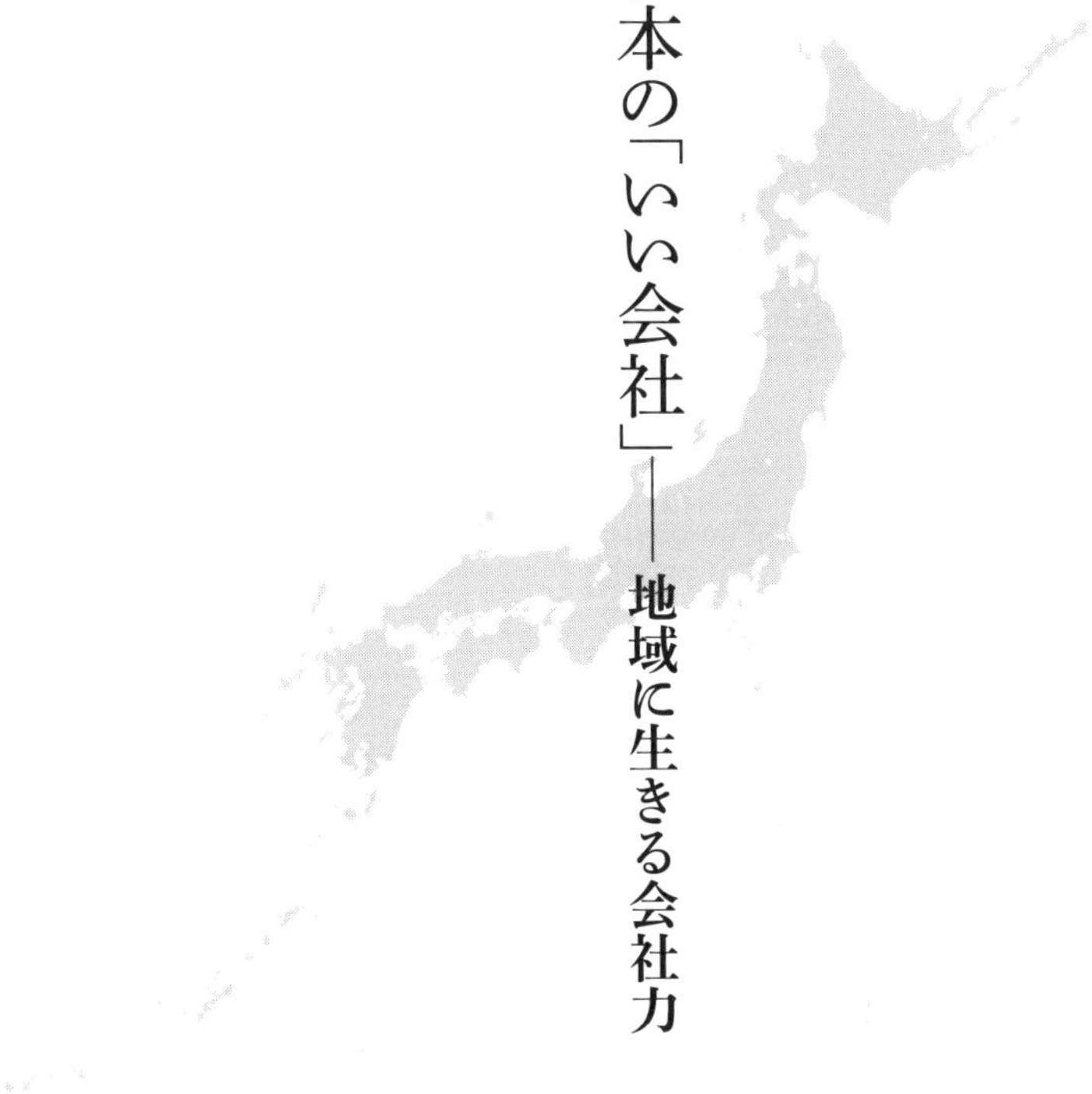

日本の「いい会社」

——地域に生きる会社力

日本最北の信用金庫

稚内信用金庫

北海道稚内市

●「地域密着」金融機関の誕生

「日本最北端の地」を標す記念碑がある稚内《わっかない》市は、古くから日本の北の玄関口として知られています。過疎化が進む広大な土地にあって、運命共同体として地域との一体化を選んだのが、稚内信用金庫（以下、稚内信金）です。金融機関の健全性を計る指標である自己資本比率が１９９７（平成9）年、全国の信用金庫のなかで日本一となり、その後19年間トップであり続けています。この驚くべき成果は、つねに地域の人たちと共に歩んできた稚内信金の地道な取り組みによるものです。

稚内信金が設立されたのは、１９４５（昭和20）年です。その前年、当時の宗谷支庁から地域の有力者のもとに「稚内にも信用組合を設立してほしい」という要請がありました。戦争のために中小企業金融がひっ迫していたのです。稚内地域の「相互扶助」を旗印に、後に初代理事長（組合長）になる高橋善《たかはしぜん》之助《のすけ》さんら7人が発起人となり、設立にこぎつけました。

１９４７（昭和22）年、町会議員のほか各種団体の要職を務めていて多忙だった高橋組合長にかわり、伊藤忠蔵《いとうちゅうぞう》さんが第2代理事長に就任します。その後、信用金庫法の制定により、１９５１（昭和26）年に組合は「稚内信用金庫」に改組され、伊藤理事長は草創期において組織を大きく発展させました。設立後10年で、店舗数16、職員数157名にまでなったのです。

〝やせ我慢〟の経営

稚内信金の自己資本比率は、2016(平成28)年3月末現在、63・01パーセントと、今でも全国の信用金庫のなかでトップです。自己資本比率が大きければ、健全性が高く、経営基盤がしっかりしているわけで、稚内信金の数字は、国内金融機関のなかでもトップレベルを誇ります(北海道の信用金庫で2番目の網走《あばしり》信用金庫は32・19パーセント、全国の大手銀行の自己資本比率は15~20パーセントほど)。

このようにダントツ1位となっている背景には、将来訪れるであろう金利自由化に備えて、外部流出を極力抑え、自己資本の充実に努めようという昭和50年代からの経営方針があります。具体的には、収益を配当、役員賞与、職員に還元することはせずに、〝やせ我慢〟に徹して、ひたすら内部留保(積立金)の充実に努めてきたということです。

また、1977(昭和52)年に役職員一人当たりの預金額が2億7200万円で、全国の信用金庫のなかで1位となり、その後10年間トップを維持したという記録もあります。主要営業

設立当時の稚内信用組合(現「稚内信用金庫」本店)。

地区の預金占有率は現在も80パーセントを超えていて、地域からの信頼の高さがうかがえます。

この成果は、第４代理事長を務めた井須《いす》孝誠《こうせい》さんが掲げた「少数にすればするほど精鋭に育っていく」という経営哲学によるものです。これにもとづき、稚内信金は、長年に渡って少数精鋭主義をとり、かつ業務は時間内に終わらせるという努力を積み重ねてきました。その結果、職員の残業は極端に少なく、毎日の業務は定刻で終了しています。ちなみに、２０１５（平成27）年度の職員一人あたりの残業時間は６時間ちょっとでした。

また、井須さんは「財産はお金ではない、人脈である」との信念をもっていました。若い職員には「社長との付き合いも大事だが、若い人同士でも積極的に付き合え。そうすれば利害関係のないよい付き合いができる。そしておたがいが歳を重ね、自分たちが支店長、相手が社長となったときに、共に実を結ぶであろう」と指導したのです。

豆知識

銀行と信用金庫の違いとは？

銀行と信用金庫は、どちらも金融機関ではありますが、組織のあり方が異なります。

銀行には大きくわけて都市銀行と地方銀行がありますが、どちらも株式会社であり、株主の利益が優先され、大きな企業がおもな取引先となります。

一方、信用金庫は、地域の人たちが利用者・会員となってたがいに地域の繁栄を図る相互扶助を目的とした協同組織型の金融機関です。おもな取引先は中小企業や個人で、利益第一主義ではなく、会員（地域社会）の利益が優先されます。また営業地域は一定の地域に限定されていて、預かった資金はその地域の発展に活かされます。

この教えは現在でも職員全員に受け継がれていて、稚内信金では、人とのつながりを非常に大事にしています。たとえば、道外からの来訪者があった場合、先方の都合での来訪であったとしても、稚内でとれたおいしい食べ物とお酒を用意して、懇親の場を設けるようにしています。人とのつながりはお金では買えないことを、職員たちは身をもって理解しているのです。

単身赴任は禁止

稚内信金には、職員が転勤する際には必ず家族を伴うこと、という決まりごとがあります。つまり、単身赴任を禁止しているのです。しかし北海道北部の地域には、居住用の賃貸物件が豊富ではありません。そのため、稚内信金がすべての支店の所在地に３ＬＤＫのマンションを建設し、それを職員に賃貸しています。

このような決まりになっている理由は、地域密着の経営と関係があります。支店の勤務になったのなら、家族ぐるみでその地域の住民になってほしいのです。職員の子どもはその地域の学校へ行く、親はＰＴＡに参加する、地域の商店街で買い物をするなどといったことがおこなわれて、初めて仕事の土台ができると考えています。

現在の稚内信用金庫本店。

●「200海里問題」の不安を払拭

1977(昭和52)年、水産業に依存する稚内市の根幹を揺るがす事態が起きました。旧ソ連の「200海里漁業専管水域」が設定されたことにより、地域経済の中心的な存在であった沖合底引き船が休業せざるを得なくなったのです。ふだんは漁に出ている船が港に停泊している光景に「このまちはどうなるのか」と市民の不安が広がりました。

漁業が衰退していく不安のなかで、水産関連業者は融資を求めました。これに対し、地方銀行は貸し倒れを心配して融資に応じませんでした。そんな状況のなか、稚内信金は「地元の金融機関として地域産業の盛衰と運命を共にしよう」と宣言したのです。この決定にあたっては、社内からも強い反対がありました。しかし、当時専務理事だった井須さんの進言により、高橋理事長(当時)は融資すると決断したのです。

そうして積極的に融資しましたが、多くの業者は1週間から10日で返済してきました。これは融資を受ける必要のない業者が、融資してもらえるかを試したからです。業者は融資を受けられたので安心し、金利がもったいないからと返済したのです。井須さんはこのことを予測していました。だからこそ、確信をもって理事長に進言できたのです。稚内信金の積極的な行動により、地域は落ち着きを取りもどしました。その後も稚内信金は融資を続け、水産業界への救済融資額60億円のうち80パーセントは稚内信金からの融資になりました。

また、国は水産業者へは減船補償をしましたが、同じ影響を受ける水産加工業者への補償はしないという方針でした。これに対し、金庫内でも疑問の声が上がり、繊維業界での同じような事例の際に補償の支援があったことを調べ上げ、国などへ補償の必要性を訴えるよう業者に助言しました。業者がこのことを役所に伝えたところ、みごとに補償を勝ち取ったのです。こうした取り組みによって、稚内信金は地域からの信頼と評価を得ていきました。

●水産業から観光業へ、地域産業を支援

その後も減船は続き、地元ではこれまでの水産業や水産加工中心の産業構造を変革する必要にせまられていました。稚内信金も、柱とすべき産業を転換せねばなりません。そこで目をつけたのが、最北の観光資源です。稚内西部の海岸沿いや周辺の2島は利尻《りしり》礼文《れぶん》サロベツ国立公園に指定されていて、四季折々の美しさを楽しめます。当時は国民の余暇が増えたことと所得水準が増加したこともあって、観光産業にシフトする方向で行政と稚内信金の意見が一致しました。

このような地域資源を観光に活かすためには、交通や宿泊などインフラ整備が必要です。空港や港、道路は官がおこない、バスやホテルなどは民間がおこなうという役割分担を決め、稚内信金は融資や出資という形で協力しました。稚内空港ビル建設には５０００万円を出資し、稚内全日空ホテル（現「ＡＮＡクラウンプラザホテル稚内」）建設にも1億円を出資するなど、稚内信金は多額の資金を供給しました。

融資や出資だけではなく、人的な支援もしました。稚内空港は稚内空港ビルが、稚内全日空ホテ

ルは稚内シーポートプラザが第3セクター方式で運営するように勧め、理事長だった井須さんは、この2社の業務執行のために専務取締役として無給でたずさわり、陣頭指揮を執りました。さらに、社内の有能な職員を数名出向させて支援しました。稚内空港ビルでは、現在も稚内信金理事長の増田《ますだ》雅俊《まさとし》さんが取締役を務めています。

このように稚内信金は、地域発展のために「人も出す。金も出す。そのかわり口も出す」という姿勢で取り組んでいったのです。

●最北端の地に直行便大型ジェットを

海外旅行は別にして、国内観光では、3時間以上かかる場所は敬遠されるそうです。当時、稚内・札幌間の空路はありましたが、東京からの直行便はありませんでした。観光産業発展のためには交通の改善が大きな課題でした。

当時の稚内市長らは全日空に働きかけ、東京からの直行便を要請しました。しかし、稚内市の人口が少ないため採算がとれないという理由でなかなか実現しません。そのとき、この課題を解決したのが、井須さんの人脈でした。

井須さんが秘書係長をしていたころの話です。当時、日本銀行総裁に請われて貯蓄増強中央委員会の会長を務めていた岡崎《おかざき》嘉平太《かへいた》さんが、視察のため稚内を訪れました。このとき案内役を務めたのが井須さんです。井須さんは岡崎さんに見初められ、井須さんも岡崎さんを師と仰ぐようになり、この縁はその後も続きました。岡崎さんは初職の日本銀行を退職後、多くの要職を歴任しましたが、そのなかで全日空の第2代社長も務めていました。この人脈をたよりに、井須さんは全日空に稚内・東京間の直行便就航を熱心に要望。1987（昭和62）年6月1日、羽田から稚内空港に初便が降り立ちました。「財産はお金ではない。人脈である」という井須さんの信念は、こうしたことにもあらわれています。

●ホテル「花れぶん」の誕生秘話

観光業にシフトするためのインフラ整備は着々と進みましたが、事業者によっては観光客の変化を把握できていないケースもありました。かつての観光は「マス・ツーリズム」とよばれたように団体旅行が多かったのですが、近年は「パーソナル・ツアー」や少人数での「グループ・ツアー」が主流となっていて、それを受け入れなければ成長できません。

礼文島に、「やまじょう」という会社があります。この会社は1947（昭和22）年に海産商として創業し、1964（昭和39）年に旅館業も開業しました。そのやまじょうが、まだホテル礼文1棟のみを経営していた2001（平成13）年ごろのことです。新しいホテルを建てるか、あるいは現ホテルを増築するかと悩んでいたやまじょうでは、女将は別棟を新築する意向でしたが、社長は反対。新築ではなく「ホテル礼文を増築すべき」と主張しました。なぜなら別棟を新築すると、支配人、料理人、従業員が倍必要になり、経費もかさむからです。

そんなあるとき、やまじょうの社長のもとに電話が入りました。ホテル礼文の話を聞いた稚内信金の井須さんからでした。

「利尻富士（利尻山）の見えない場所に部屋を増築してどうする！」

井須さんに一喝された社長は、露天風呂から利尻富士を一望できる場所に、ホテル「花れぶん」を新築したのです。

「花れぶん」はその後、ＪＴＢサービス最優秀旅館ホテルを2回、優秀旅館ホテルを1回受賞するなど地域を代表するホテルになりました。井須さんの一喝は、融資先のことを本気で考えているからこそだったのです。

利尻富士を一望できるホテル「花れぶん」。

●ウインドファームで未来を創造する

現在、稚内市が積極的に取り組んでいるのが風力、太陽光といった再生可能エネルギーの利用推進です。特に稚内地域は年間平均風速が7メートル、風速10メートル以上の日が年間90日超ということもあり、風力資源が豊富です。稚内市では、この地域資源を利用した風力発電施設の建設を進めていて、今では日本最大規模になっています。

　市内には74基の風力発電施設があり、宗谷岬《そうやみさき》エリアだけでも57基が稼働しています。この施設は「ユーラス宗谷岬ウインドファーム」とよばれ、風力発電事業をグローバルにおこなっているユーラスエナジーホールディングス傘下のユーラスエナジー宗谷が運営しています。その建設資金の一部を融資しているのが稚内信金です。ほかにも、建設中の「天北《てんぽく》ウインドファーム」などへの融資や、送電線整備をおこなう事業会社への出資も積極的にしています。

　2015（平成26）年11月、増田理事長が中心となり、稚内経済の将来の指針ともいうべき「稚内版地域戦略ビジョン」を取りまとめました。このなかでも、稚内の風力資源を活かした発電事業や蓄電機器開発関連事業への参入、さらにはこれらを観光資源とした滞在型観光を提言しています。稚内信金は出資・融資という資金面だけではなく、こうした提言もおこないながら地域の未来創造に積極的にかかわっています。

稚内市にある風力発電施設「ユーラス宗谷岬ウインドファーム」。

●地域に文化・教育を

稚内信金は「札幌《さっぽろ》交響楽団定期公演」「しんきんフェスタ」「出張型金銭教育」「てっぺん塾」などの地域貢献事業をおこなっています。

1984（昭和59）年、芸術や文化に直接ふれる機会が少ない子どもたちのために、地元の企業20社が資金を出し合って、「稚内音楽文化協議会」を立ち上げ、札幌交響楽団のフルオーケストラを聴く機会をつくりました。以来毎年、定期公演を開催しています。この20社のなかには倒産してしまった会社もありますが、その分は稚内信金が負担し、当日の会場係も職員が担当しています。1995（平成7）年には文化庁所管のメセナ協議会から、芸術文化の保護・支援活動をおこなう企業に与えられるメセナ地域賞を受賞しました。

「しんきんフェスタ」は、お客さんとのコミュニケーションを深めることを目的とし、社内の施設見学や「窓口おしごと体験」などを盛り込んだイベントで、2007（平成19）年から開催しています。また、2009（平成21）年からは学校に出向く「出張型金銭教育」もおこない、2015（平成27）年までの7年間で、415人の子どもたちが受講しています。

さらに、地域の事業所数の減少が深刻化していることなどから、増田理事長は2012（平成24）年から若手経営者や後継者の育成を目的とした「てっぺん塾」を創設し、人材育成と人的ネットワークづくりをおこなっています。塾生が自らめざす経営者像を「てっぺん」に位置づけ、各々が「てっぺん」をめざして学ぶというものです。その内容は関係法令、技術開発や製品化、マーケティングなど経営の基本に加え、反社会的事案への対応や葬儀の常識など幅広く、さらには視察研修などもおこなっています。

●地域の発展につくしたい

日本最北端の駅「JR稚内駅」は2011（平成23）年に新駅舎が完成し、きれいに整備されました。稚内駅の横を国道40号線が走り、その1本西側の通りに中央商店街があります。稚内信金本店は、この商店街の中心地にあります。商店街は現在、寂しいシャッター街になっていて、稚内市の人口がピーク時の約6割まで減少していることが肌で感じられます。

取材に訪れた平日の正午、タブレットを搭載したロボットがカタカタとキャタピラを鳴らし、商店街の歩道をゆっくりと近づいてきます。声をかけると反応し、ロボット音声が相手をしてくれます。これは、地元の稚内《わっかない》北星学園《ほくせいがくえん》大学が筑波《つくば》大学などとの共同研究により、地域情報提供システムの実験をおこなっているのです。稚内信金は、この稚内北星学園大学誘致に際しても多額の寄付をしています。地域経済の底上げをはかるには、教育産業がかかせないと考えたからです。

このように、厳しい地域の現状に向き合いながら、10年先、20年先の未来を創造するために、コツコツと地道に地域発展の下ざさえをするのが稚内信金の使命です。〝やせ我慢〟の心意気で、地元と共に繁栄することをめざす信用金庫が、間違いなくそこに存在していました。

三陸ブランドを世界に！

阿部長商店

宮城県気仙沼市

三陸で最大規模の水産加工会社

２０１１（平成23）年3月11日、東北地方で未曾有の災害、東日本大震災がおこりました。その震災で工場や設備のほとんどが再起不能といわれるほど壊滅的に罹災しながらも、８００人の従業員すべての雇用を守り、大きな反響を巻き起こした企業があります。宮城県気仙沼《けせんぬま》市にある阿部長《あべちょう》商店です。

阿部長商店は、現社長である阿部《あべ》泰浩《やすひろ》さんの父親である阿部泰児《やすじ》会長が、１９６８（昭和43）年に魚の行商業として創業し、水産物加工・販売の水産業とホテル経営などの観光業を二大柱に成長を続けてきました。水産業も単に小売りだけではなく、水産物の加工にまで事業を展開しています。今や地域では最大級の企業にまで発展し、三陸最大の港町・気仙沼を代表する企業となりました。とくに、サンマの取扱量は年間約1万５０００トンにおよび、加工販売では日本一の規模を誇ってきました。

地域にとっても、阿部長商店のような水産業は基幹産業でした。震災前の気仙沼市の製造出荷額などに占める食料品製造業（おもに水産加工品）の割合を見ると、８２・７パーセントという高い

上は震災直後の阿部長商店の工場跡。建物の形がほとんど残っていない。下は現在の気仙沼のようす。漁港は復活し、漁も始まっている。

数字を示しています。水産業の従業員数も70・7パーセントと、まさに地域の人たちにとっての「働く場」でした（2010年宮城県工業統計表より）。東日本大震災は、気仙沼の人たちにとっての働く場も、根こそぎうばっていったのです。

●東日本大震災から復興したか？

東日本大震災から5年以上が経過し、気仙沼のまちや港は復興工事で被災の面影がだいぶ減ってきています。漁港のまちのため、港の復興を最優先でやっていたので、すでに漁港は復活し、サンマ漁もカツオ漁も始まっています。震災直後は火事で燃えて真っ黒になった船が打ち上げられていた海岸や、船が沈んでいた港も、当時と比べるとだいぶきれいになりました。道路も復旧しました。

しかし、人びとの生活はまだまだ不便です。沿岸部には、病院も、スーパーマーケットもありませ

豆知識

気仙沼漁港

青森・岩手・宮城をまたぐ三陸沖は、親潮と黒潮がぶつかる海域で、世界三大漁場にかぞえられています。なかでも宮城県には142の漁港があり、このうち、気仙沼、石《いしの》巻《まき》、塩釜《しおがま》は全国でも有数の特定第3種漁港となっています。特定第3種漁港とは、利用範囲が全国的な漁港のうち、水産業の振興のために特に重要だとして政令で定められた漁港です。本州と九州にのみ分布し、全国に13港あります。

東日本大震災で、宮城県の水産業は壊滅的な被害を受けました。東日本大震災の前年、宮城県の漁獲量は北海道に次ぎ全国2位でしたが、震災後は全国で6位に下がりました。しかし、翌年には5位に上がり、漁港や漁場の復興が進み、年々漁獲量が高まっています。

ん。復興したように見えるのは、観光客が普通に来られるようになったからです。地元の人たちにとって、復興はまだ道半ばです。震災以前だったら、夏は大谷《おおや》海岸で海水浴が楽しめ、気仙沼港に足を運べばおいしい魚が食べられるなど、行けるところはいくつもありました。でも、今は違います。

震災後、働き手は内陸部のまちに移住してしまいました。そこで生活の基盤ができてしまえば、もう気仙沼に戻ることはできません。気仙沼に戻り、定着してもらうには、働く場所として魅力ある仕事を準備する必要があります。震災以前のように復興するには、基盤となる産業を回復させなければなりません。じつは、気仙沼をささえていた水産業は、震災以前から就業者数の減少が始まっていることに加え、日本全体でいわゆる食生活の「魚離れ」が進んでいることもあり、斜陽産業とされていました。気仙沼を働く場所として魅力的なところにするには、水産業だけではなく観光業も加えて成長産業にしていかなければならない。そう考えて取り組みを進めたのが、阿部長商店の阿部社長です。

●地域の人を守るために一大決心

阿部長商店も東日本大震災によって大きな被害を受け、5名の従業員が亡くなりました。当時、阿部社長は上海《シャンハイ》の水産企業を視察するため、中国にいました。会社から阿部社長の携帯電話にメールが入り、「命だけは助かりました」との一報が入ったのです。

「命だけは助かったって、どういうことだろう?」

阿部社長は気になって、中国のニュース映像を見て驚愕しました。十数メートルの津波にまちが飲み込まれ、気仙沼港では漁船用の燃料タンクが津波に倒されて出火していました。それが漂流物に次々に引火したことで、市街地も含めて、辺り一面が火の海となっているのです。

阿部社長は、「日本に帰っても何も残っていない。家族もいない。従業員もいない。会社もなくなった。地域も崩壊した。もう終わった」と覚悟しました。

翌日、夜の飛行機で日本に戻った阿部社長は、何の情報も得られないまま、気仙沼に向かいました。沿岸部は、ほとんどの建物がなくなっていました。ところが、高台のほうに向かうと、会社が経営しているホテルが見えてきたのです。ホテルには避難した従業員たちがいて、阿部社長の家族も無事でした。みんなの元気な姿に、阿部社長は涙が込み上げてきて「自分は一人ではなかった、みんながつながっていれば、会社を再建できるかもしれない」と思ったといいます。

しかし社長の思いとは裏はらに、多くの関係者は、全壊した事業所を目の当たりにして、再建は不可能だと噂していました。従業員の多くも、たとえ会社が再建できたとしても、従業員の解雇は必至だと思いました。その後、2か月以上にわたり、工場はほとんど稼働できませんでした。しかし、それにもかかわらず阿部社長は、全従業員の雇用を守り続けました。

震災後に開かれた初めての役員会では、「役員以外は全員解雇し、1回スリムになって耐えよう」という意見が大勢を占めました。今回の事態を考えれば、希望退職を募り、縮小再生というの

阿部長商店が経営する「気仙沼ホテル観洋」。震災直後はここが避難所となった。

が一般的な選択です。しかし、阿部社長は全従業員の雇用を守ると決断しました。解雇を通告すれば、働く人は「自分はこの会社にとって必要ではなかったのか」と悩み苦しむに違いない。そう考えた阿部社長は「自分が責任を取るから」と、役員たちに詰め寄り、最終的に納得してもらったのです。

その結果、従業員の福利厚生や社会保険料、雇用保険などの負担金はもちろん、給料までも会社が保障しました。当時、震災で気仙沼にある銀行が倒壊していたため、資金を調達するには遠く離れた仙台の銀行に行かなければなりませんでした。従業員に給料を支払うために毎月1000万円が必要になります。震災後、窃盗被害など危険な状況のなかで、阿部社長は従業員のために、毎月緊張しながら高額な現金を車で運んでいました。

従業員のまわりでは、震災で多くの人が地域を離れ、家族を失い、身も心もズタズタになっていました。そんな彼らに残っていたのは、「会社との絆」でした。阿部社長は、従業員やその家族、地域社会に対する責任感と覚悟で、会社、そして地域社会を生き返らせようと決心したのです。

●復興を革新していく

震災後、会社の被害を調べると、予想を上回る結果でした。阿部長商店のメインであった水産事業部は、稼働していた9工場中8工場が全壊の被害を受けました。そればかりか、観光事業部の中核であったホテルのひとつも半壊、地区にあった物販店も2店舗が全壊するという甚大な被害を受け、その被害総額は数十億円だったといいます。

震災後、水産事業の生産が回復するまでは、会社の仕事はホテルの運営でした。当時、「気仙沼ホテル観洋」を二次避難所にする要求を行政から受け、被災者への食事や臨時宿泊を提供することで震災復興をスタートしたのです。従業員全員が仕事につくまでには1年かかりました。

また、生産が止まっていたので、震災前には商品がおかれていた大都市のスーパーなどにある阿部長商店の売り場は、ほとんど同業他社のものになってしまいました。その状況を見て、阿部社長は直接、消費者と向き合ってこなかったことを思い知らされました。震災を機に、阿部社長は観光部門との垣根を取り払い、付加価値の高い商品を直接、消費者に提供することにしました。自社のホテルのプロのシェフたちや、食品加工のプロの専門知識を総動員して、レトルトの「気仙沼ふかひれ濃縮スープ」を商品化。これがヒットしたことが、水産業の実質的なスタートになりました。

　震災前は、水産業と観光業はまったく違う事業と考え、一体感は希薄でした。しかし震災後、水産事業と観光事業が交わる部分が「会社の強み」になると気づき、従業員がひとつにまとまりまし

気仙沼に水揚げされたばかりの新鮮なサンマ。

阿部長商店の気仙沼食品工場（水産加工工場）。オートメーション化された工場内は、においもなく清潔だ。

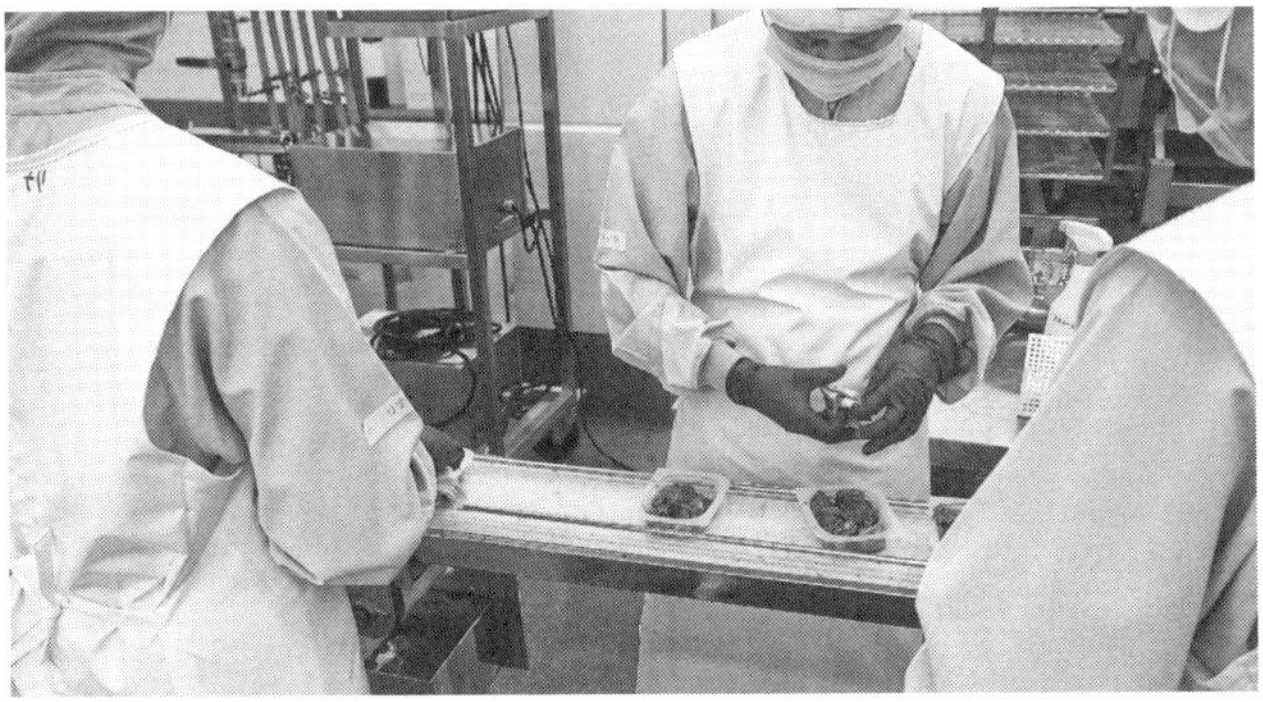
気仙沼食品工場でサンマの加工品をつくっているところ。

た。その結果、震災からの5年間で新商品が増え、業務用の商品主体から、今は消費者に向けて100種類ぐらいの商品をつくり出すようになりました。

交流人口を増やす

気仙沼は、若い人たちの人口が年々流出し続け、しかも出生率が全国平均で極端に低くなっています。震災後に内陸や仙台に行った人は、そこで生活の基盤ができてしまえば戻ってはきません。復興が進んでいるといっても、実際のところ気仙沼には大きな病院は一つしかありません。ここにしかない診療科もあり、多くの人が通うので診てもらうだけで丸一日かかってしまいます。日用品がそろうスーパーも1、2店舗しかなく、遠方まで買い出しに行く人もいます。こんなまちで、ほんとうに生きていけるのか？　不安になり、このまちを去っていく人もいます。

震災後、すべての工場が再稼働し、売上が震災前と同じくらいになった今、阿部長商店は新たに大きな問題を抱えています。それは人手不足です。水産業の工場労働にはいわゆる3K（きつい、汚い、危険）のイメージが強いため、若い人たちは敬遠します。水産加工場の従業員の高齢化も進み、さらなる人手不足に拍車をかけています。設備も整い、あとは人さえそろえば確実に売上げを上げることができるのに、先立つ人材がいないのです。

そこで、阿部長商店ではアジアからの研修生を積極的に受け入れることにしました。国籍はインドネシア、中国、韓国などで、年齢は20代の女性です。研修生たちは、まちの人たちに会うと明るく挨拶をします。また、まちの人たちは、一緒に食事をするときに宗教上の理由で制約がある人には豚肉を出さないようにするなど、文化の違いを乗り越えて市民生活に溶け込んでもらえるように配慮しています。

働く人のモチベーションにつながる福利厚生の充実にも力を入れています。県外から働きに来る人が少しでも快適に過ごせるようにと、今年、社員寮（ワンルームの個室）を20部屋新築しました。再雇用制度、育児・介護休業制度、結婚祝い金、資格取得祝い金など、仕事をするうえで働きやすい環境づくりにも努めています。

ホテル経営や観光事業に早くから進出し、異業種連携の先駆けともいわれた事業運営によって事業を拡大した阿部長商店。地元に根づいている企業として現在も地域雇用・交流人口の増加など地域経済づくりに寄与しています。

新しい工夫を加えながら、水産業界をよくしたい。それには、すべてが人から始まる。そんな思いがある阿部社長は、人の復興にも余念がありません。

●三陸の恵みを生かすということ

「なぜ、破壊的な被害を受けたこの地で働くのか？」

震災後、阿部社長はこういう質問を何度か受けたそうです。

「魚屋は山へ行けない」

そう笑いながら阿部社長は続けます。

「ここには海の幸があり、自然の景観があって仕事をさせてもらっています。創業55年。おやじがこの仕事を始めたころ、チリ地震による津波に被災してすべて流されました。その後、おやじは裸一貫で行商をやりながら会社をつくりました。それは、魚に恵まれたよい時代だったからかもしれませんが、魚だけではなく景観のすばらしさが観光事業の大きな柱になり、ホテル業の『今』があります。

海が危険だからといって、山には行けません。たとえこの場が危険であっても、この場所で三陸のよさを伝えたい。また、起こるかもしれない津波が怖いからといって、ほかの仕事をする選択は私にはありません。震災後もこの仕事を変えようと思ったことは一度もありません。

だから、『何でここ?』という質問が理解できないのです。それ以外の選択ってありますか?『これ以外の仕事があるの?』って、逆に聞きたいくらいです。ここで、50年以上やってきた。そして、たまたま津波があった。被害もあった。だけど三陸の恩恵はなくなりません。それを最大限に生かさなければ、地域復興になりません」

自分の会社だけがよくなっても仕方がない。地域が、水産業がよくならなければ復興にはならない。気仙沼には水産関連の産業があり、そこに人がいて、まちが成り立っている。だからこそ雇用を守り、地域を活性化していきたい。そんな強い使命感をもっている阿部社長は、新しいビジネスモデル構築のため、青森、岩手、宮城県の三陸地域の水産業者と統一ブランド商品をつくり、海外に売り込む広域連携組織「ＳＡＮＲＩＫＵブランド水産物輸出プロジェクトチーム」を設立しました。ヤマヨ、八戸《はちのへ》缶詰（青森件八戸市）、越戸《こしど》商店（岩手県普代《ふだい》村）、國洋《こくよう》（岩手県大船《おおふな》渡《と》市）、阿部長商店（宮城県気仙沼市）、本田《ほんだ》水産、木《き》の屋《や》石巻《いしのまき》水産（宮城県石巻市）で構成し、会長は阿部長商店の阿部社長です。新たな付加価値を生む事業の実現に向け、販路開拓の対象は、シンガポール、マレーシア、タイ、フィリピン、インドネシアなどの東南アジアがメインです。

　復興のその先の未来へ向けて、「人と海を結ぶ」企業の創造をめざし、そのステージである「三陸」のために世界に通じる価値を生み出していく。阿部長商店は、地域になくてはならない存在として、突き進んでいます。

新プロジェクトの件で商談しているようす。左から２番目が、阿部長商店の阿部社長。

介護・福祉タクシーや子育てタクシーでサービス拡充

フタバタクシー

宮城県仙台市

●ちょっと変わったタクシー会社

交通手段が自動車中心である地方の地域社会にあって、自分で運転することができず、公共交通機関しか移動する手段をもたない要介護者、高齢者、障がい者の人たちを交通弱者とよびます。高齢化が進んだ過疎地では、路線バスの撤退が進み、自家用車による移動手段がないと日常の買い物にも支障をきたします。

そんな地域の交通弱者に対して、心があたたまるサービス提供を第一に考えている会社が、宮城県仙台《せんだい》市にあるフタバタクシーです。

フタバタクシーは、一般的にイメージされるタクシー会社とはちょっと違っています。仙台駅から車で15分ほどの仙台市宮城野《みやぎの》区にある本社車庫には、白いボディーに赤いラインと緑の十字が入った民間救急車両や、福祉施設にあるような介護用の車いす専用車などが並んでいます。1959(昭和34)年に、現社長をつとめる及川孝《おいかわたかし》さんの父である及川運作《うんさく》さんが、東北大学病院の患者移送業務を始めたことが交通弱者に対してのサービス提供を継続的におこなうきっかけになりました。

創業当時の名前は、「フタバ寝台車タクシー」という、当時から医療や介護に深いかかわりをもったタクシー会社でした。その後、１９８０（昭和55）年に「フタバタクシー」と社名を変更してからも、地域の交通弱者のニーズに応えるように福祉分野のサービス拡充を図ってきました。

生き残り策は、交通弱者へのサービス強化

現社長の及川孝さんは、３代目になります。交通弱者向けのサービス強化に大きく乗り出したのは、孝さんが社長になった年に、小型車いすタクシーを13台導入して、介護に目を向けたことがきっかけとなっています。

及川社長は、大学卒業後、30年間地元の銀行に勤務し、当初、家業を継ぐ予定ではありませんでした。一生銀行勤めだと思っていたものの、転機は突然やってきました。２００２（平成14）年、当時の代表者であ

豆知識

交通弱者とは

日本では高齢社会が進み、現在自家用車を運転していても、次第に公共交通にたよるようになる人が増えると予想されています。その反面、地方での公共交通の衰退は著しく、公共の路線バスや鉄道が、過疎化に加えて燃料費高騰などにより、路線廃止となるところも増えています。交通弱者が増えているにもかかわらず、これからますます必要になってくる公共交通は衰退の一途をたどっているのが現状です。

そこで交通弱者の移動手段を確保するために注目されているのがタクシー補助です。自宅から電話でタクシーをよぶと、タクシーが自宅まで迎えにいき、さらに病院や買い物先などの目的地まで運びます。

る母の俊子さんから「会社が大変なので戻ってきてほしい」とたのまれました。フタバタクシーはバブル崩壊の不況のさなか、会社存続の危機にあったのです。

及川社長は、「フタバタクシーがなくなれば地域の交通弱者の方々の足がなくなる。何としても家業を再建してみせる」との決意のもと、銀行を退職し、実家に戻る覚悟を決めました。もちろん銀行員だったので、タクシー業界がいかに厳しい状況かを理解していて、一筋縄ではいかないことは承知のうえでした。しかし、職業柄財務に明るい及川社長は、創業以来特色のある介護・福祉サービスの強化にこそ生き残る方策があると考えました。そして、ほかのタクシー事業者がやりたがらない、手間がかかり、タクシー業界の常識としては不採算といわれるそれらのサービスの強化に乗り出し、数年がかりで経営を再建して軌道に乗せたのです。

２０１６（平成28）年10月現在では、社員数は60人。そのうちドライバーが50人在籍しています。ほかのタクシー会社と違う点は、50人のドライバーのうち、45人が介護職員初任者研修以上の資格をもっていることです。普通のタクシーが23台、車いすのまま乗車できる福祉タクシーや大型の患者移送の車両が28台と、車両の多くが福祉関連の移送目的で運行

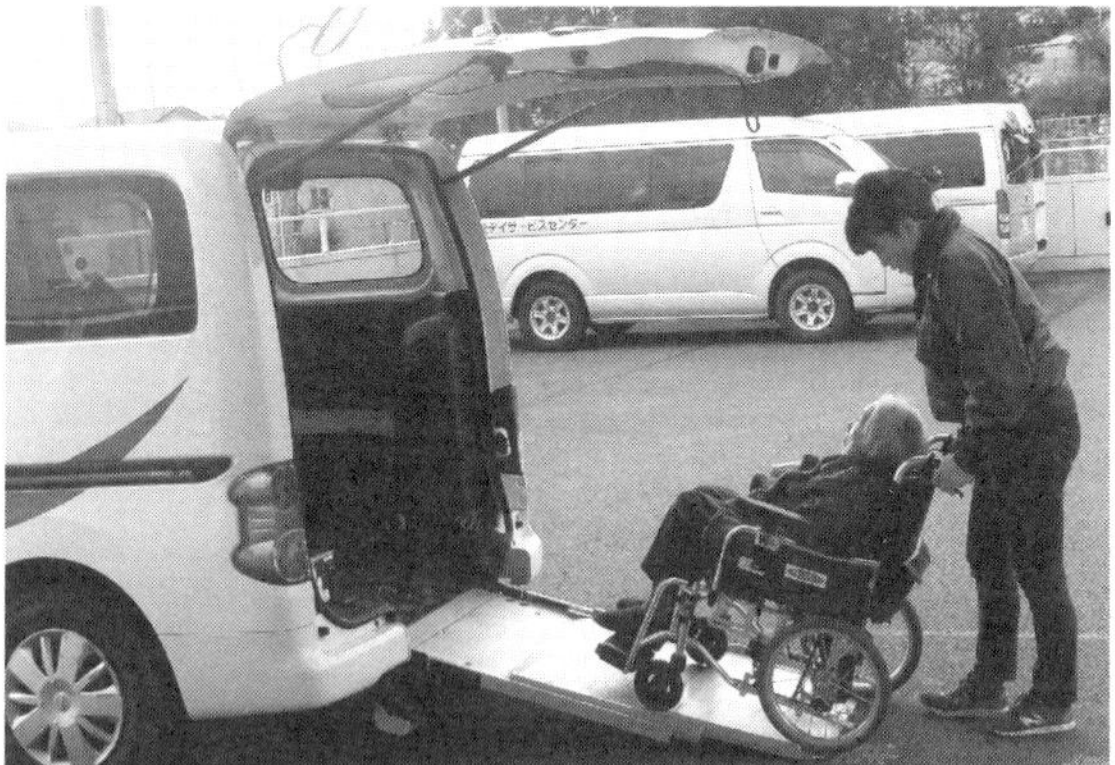

ドライバーはお客さんのタクシーへの乗り降りの介助もする。

されています。地域のお客さん、とくに交通弱者とよばれる高齢者や学童をもつ親からは大きな信頼を寄せられ、年々お客さんは増加しています。この介護・福祉タクシー部門は売り上げも安定していて、会社の収益のひとつの柱となっています。

福祉車両サービスの提供において、多様なお客さんのニーズに応え、採算を合わせるには各ドライバーの個々の対応にかかっています。当然ドライバーの能力向上や安全・安心面についても力を入れています。具体的には、朝は担当部署によるミーティング、帰社後は翌日対応するお客さんの健康状態の把握、移送の手順、車いすの操作など、担当者同士で情報の共有を図っています。

毎朝のミーティングでドライバー同士が情報を共有する。

一人のための専用車両

フタバタクシーの特色は、介護・福祉タクシーだけにとどまりません。「障がい者支援タクシー」というサービス提供もおこなっています。これは、障がいがある児童や生徒を学校へ送迎したり、日常生活での移動の支援をおこなうものです。

通常、介護・福祉タクシーは、介護保険指定サービス事業、指定介護予防サービスとして運営されていますが、障がい者支援タクシー事業は、障がい者自立支援居宅介護事業、地域生活支援事業としての法的な位置づけで運営されています。フタバタクシーの障がい者支援タクシーは、現在5台あり、それぞれの施設を回るなどして運営されています。

このサービスにまつわるエピソードがあります。

ある日、発達障がいのある子どもの母親が、「息子の送迎を引き受けてくれませんか」とフタバタクシーを訪ねてきました。

「どこの会社に行っても断られてしまいます。こちらで何とかお願いできないでしょうか」

事前にいろいろと会社のことを調べてきたうえでの依頼に、及川社長も悩みました。

発達障がいのある児童にどう接したらよいのだろうか。これまで、どのドライバーも対応したことがありません。さらに、発達障がいがあるために車内で暴れたり、運転中に飛び出してしまう恐れもあります。しかし、及川社長は引き受けることにしました。「おそらく当社にしかできない仕事だ」と考えたからです。ドライバーが一人では対応が難しいことから、二人のドライバーで対応することにしました。

ところが、サービスを続けるうちに継続が難しくなります。今後の対応について両親に相談したところ、涙ながらに「何とか高校卒業までお願いします」と懇願された及川社長は、悩んだ挙句、「一度は引き受けた依頼。サービス提供を続けるならば、とことんやろう」と決心。この子どものために専用の車両を購入し、座席を一部改良するなどの工夫を施し、2名体制で送迎を継続するようにしました。

「障がいがある方の送迎をおこなうようになって、ドライバーの意識も変わりました」と及川社長はいいます。また、そのつながりから施設の定期便の移送など、安定的な売り上げにもつながっています。手間がかかり、あまりもうからない業務ですが、地域の交通弱者の力になれればと今でもサービス拡大を図っています。

当初、小学生だった暴れん坊の男の子は、今や20代の青年になります。移送サービス開始から、かれこれ15年がたちました。今では、車両は彼専用になっています。

同業者の相次ぐ撤退

現在、全国にはタクシー会社が約1万5000社存在します。業界の規制緩和以降、供給過剰が常態化し、ドライバーの労働条件悪化など、多くの問題に直面し、中小の事業者にとっては存続することさえ難しい業種といわれています。仙台市内にも多くのタクシー事業者がありますが、近年は中堅といわれるタクシー事業者でさえ、経営破たんが相次いでいるのが実情です。競争は激

フタバタクシーの民間救急車両。民間救急の認定を受けている介護タクシーだ。

しさを増し、会社によっては繁華街で客引きまでしてお客さんを得ようと必死になっています。さらに業界における供給過剰を是正しようと、法律に基づき、仙台市でも約30パーセントの減車をしていかねばなりません。フタバタクシーも減車しつつ運営をおこなっていて、決して会社をとりまく環境はよい状況にはありません。

介護タクシー事業についても、介護保険が開始された13年前は、一斉に同業者も参入を図りました。しかしながら、近年の保険料率の見直しによって保険給付額が半分以下となり、回数も制限されたことから、事業として採算が取れないと、一社また一社と撤退していきました。しかし、ここでも及川社長は逆転の発想で、福祉・介護事業、さらには子育てタクシーとよばれる学童・妊産婦などの交通弱者向けのサービス強化で独自性をさらに打ち出しました。

●子育てタクシーを広げて

フタバタクシーは、宮城県で初めて子育てタクシーの業務に参入しました。子育てタクシーとは、子育て中の家庭の学童や、妊婦の移動をサポートし、学校や塾などに送迎するサービス提供をおこなうタクシーのことです。「自分たちがやらなければいけないサービスだ」と、及川社長はすぐに参入を決断しました。

子育てタクシーは、2004（平成16）年に「わははネット」という子育て支援団体が発案し、香川県高松《たかまつ》市で生まれたものです。学童や妊婦などの交通弱者を移送する取り組みで、今では「子育てタクシー協会」が設立され、2016（平成28）年10月現在、全国約150社のタクシー会社が加盟しています（及川社長がその会長を務めている）。ドライバーはサービス提供のための研修（講座の受講と保育実習）を受けることが義務付けられていて、研修を終了したドライバーは1700人に達しています。定期的に各地域で取り組み事例の共有などをおこなっていて、全国に広がりを見せつつあります。具体的なサービス内容は、各々の子育て家庭のニーズに沿ったものです。チャイルドシートや、ジュニアシートを付けることもあります。当然、乗務員の手間も多くなります。業務終了後、次のお客さんから依頼を受けても、チャイルドシートを外さないとスペースが使えないので、サービス提供後にいったん本社まで戻らねばなりません。通常のドライバーは嫌がるような作業が多くなります。

フタバタクシーでは、現在、会員リストは1500件で、年々広がりを見せていて、毎月400件の需要があります。会員には会員証が配られ、乗車時にドライバーに提示すると1割引のサービスが受けられるというサービスもあります。いささかサービス精神が旺盛すぎるのではといった内容も、普及を優先しようとするフタバタクシーの気持ちの表れともいえます。つねにお客さんの立場に立ったサービス提供を心掛けている証です。

マイクロバスで学童の通学の送り迎えをする。

ただ、ニーズは高いものの、1社では仙台市内全域をカバーしきれないなど課題も多く、このサービスで大きな利益を上げるには至っていません。しかしながら副次的に、学童の通学の送り迎えをするマイクロバス運営の委託など、子育てタクシーから派生した児童の輸送業務が増えています。これらの業務は運行時間が決まっていて、年間の売上高も固定されているため、会社にとっても安定した収入につながっています。

子育てタクシーの取り組みは、徐々に他の地域にも広がりつつあり、国土交通省や大学、行政からも注目されています。山形県・秋田県・岐阜県のように、子育てタクシーのドライバー実習の費用を一部負担するなど、県主導で地域ぐるみの取り組みが始まっているところもあります。

●東日本大震災、地域の交通弱者の危機

2011（平成23）年3月11日、フタバタクシーのある仙台市を大きな揺れが襲いました。食料、燃料不足による混乱や交通機関のマヒなど、深刻な事態に陥っていました。フタバタクシーも、一時は燃料不足から営業ができない状況にまで追い込まれました。

しかし、もっと困ったのは地域の交通弱者のお客さんたちでした。とくに透析患者の人たちは、沿岸付近の病院が被災して機能しなくなっていたため、仙台の高台にあった病院が指定され、そちらで日々の治療を受けるようになりました。しかし通う足がないため、命にかかわる事態に陥っていたのでした。そんななか、日ごろから福祉タクシーを運用し、透析患者の移送を手掛けていたフ

タバタクシーに白羽の矢が立ち、さまざまな機関から依頼が殺到しました。

及川社長は非常に悩みました。

「ガソリンもない。道路だって寸断されて通っていないところが多い。無事に移送することができるだろうか」

会社の存続自体も定かではない状況でした。しかも透析患者を移送するということは、透析が終わるまでドライバーは病院に待機していなければなりません。通常でも病院までの送迎は、採算に合わないものでした。

及川社長は考えに考え、決断します。

「これまで交通弱者を移送してきた。ここでできなければやってきた意味はないし、自分たちにしかできない仕事だ」

従業員の家族や親せきにも被災した人が多いなか、その使命を全うしようと引き受けたのです。

混乱のさなか、従業員が通勤できず、ガソリンがない状況で、移送をおこなっていくことになりました。そこに、追い打ちをかけるように困難な事態に直面します。高速道路が一般車両の交通を制限していて、通行できないのです。特別車両としての許可が必要なため、地元の行政機関（区・市・県・警察）とかけ合いましたが、担当者から「非常事態なので一般事業者に許可を出すわけにはいかない」と、門前払いを受けてしまいました。

「透析患者の方は、透析しなかったら死んでしまうのですよ。この許可は命にかかわることなんです！」

普段は温厚な及川社長が担当者に食ってかかり、周りの人たちに押し戻される一幕もありました。そのような状況のなか、透析患者の送迎業務は夜中や朝方まで続き、交代制で何とか対応しました。その後、特別車両の許可が下り、ことなきを得ましたが、本当につらい経験だったといいます。救われたのは、そのとき送迎した患者さんが、継続的にサービスを利用してくれていることです。なによりもこの経験を通じて、社員同士の絆や、使命感が生まれました。ガソリンがなくて通勤できない社員を交代で迎えに行き、何とかサービスを維持し続けました。

「震災時の混乱のなかでも、一人の従業員も欠けることなく乗り切ったことで、自分たちがやっているサービスへの自信につながっている」と及川社長はいいます。震災時、自分たちの家族が被災しているさなか、人のために尽くせる社員は、まさに地域にとっての宝のような存在だと及川社長は自慢します。

●タクシー業界のイメージを変えていく

今、全国にフタバタクシーのような、地域とのかかわりをもち、交通弱者を移送するタクシー会社が増えつつあります。及川社長の活動が、大学の研究者、国土交通省などの機関から注目されるようになってきたからです。

「最近は少しずついろいろな人に知られるようになり、交通弱者への取り組みに対して広がりが実感できるようになってきました。しかし、まだまだ業界では、生き残るための過当競争が一般的で、積極的に取り組む事業者は少ないです」といいます。

日本の地域社会において、交通弱者は高齢化、核家族化の進展で日々増え続けています。地域ではフタバタクシーのようなサービスを待っている交通弱者が多いことも、ドライバーとお客さんの日々の関係性のなかから見えてきます。フタバタクシーの活動は多くの同業者、支援者、そして自分の地域でのサービス展開を心待ちにするお客さんを巻き込んで、日本全国に広がりつつあります。

及川社長は業務多忙のかたわら、業界のこと、交通弱者のことを一人でも多くの若者に知ってもらいたいと、高校生に対する寄付講座（キャリアセミナー）などの、啓蒙活動をおこなっています。現在延べ50校で実施し、受講生は550名を超えました。

「交通弱者とはどういう人かわかりますか？　フタバタクシーではそういうお客様を一日に180人運んでいるのですよ」

そう説明すると、まったく興味のなかった高校生も、びっくりするといいます。

日本の地域社会においてますます重要になる交通の分野で、交通弱者のためにサービス強化を続けるフタバタクシーは、今や仙台市になくてはならない会社となっています。

タクシー業界のあり方について語る及川社長。

恩を知り、恩に報いる

アポロガス

福島県福島市

東日本大震災で、社員総出のガス復旧活動

アポロガスは、福島県福島市を中心に約6700世帯へプロパンガスを供給する会社です。創業は1971（昭和46）年。先代社長が飯坂《いいざか》アポロガス株式会社を設立し、1992（平成4）年6月に飯坂町字八景《あざはっけい》に社屋を新築、社名をアポロガスに変更しました。「アポロ」という社名は、1969（昭和44）年に月面着陸した「宇宙船アポロ」に由来しています。「つねに新しい可能性に挑戦する」という気概を示すため、人類史上はじめて月面着陸を成功させたアポロ計画にちなみ、命名されました。現在社長をつとめる篠木雄司《しのぎゆうじ》さんは、初代社長の息子です。

社員数は38人。プロパンガスの販売・メンテナンスはもちろん、石油の給湯器の販売、灯油や重油の

アポロガスの社屋。一見、会社の建物とは思えない外観だ。

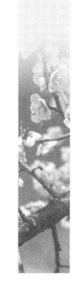

販売もおこなっています。さらに、太陽光発電システムの施工販売や住宅の新築・リフォーム事業なども展開し、暮らしにかかせないエネルギー供給だけでなく、住環境の改善にかかわる仕事をとおして、地域の人たちの生活をささえています。

マイコンガスメーターと電話回線でつないだ保安監視システムも、地域の人たちの暮らしを守るために導入されたものです。家の人が留守のときでも一年中24時間、この監視システムが家の安心・安全を見守っています。自動的に監視しているので、ガス切れの心配もありません。災害時にも、異常があれば自動的にアポロガスに連絡がいくようになっています。

２０１１（平成23）年3月11日、東日本大震災が起きたときも、アポロガスの対応は迅速でした。自社も被災するなか、全社員一丸となって、すぐに全戸６７００戸分のガス器具と配管の点検と各家庭の

豆知識

プロパンガスと都市ガス

資源エネルギー庁の発表によると、全国で都市ガスとプロパンガスの需要家件数は53パーセントと44パーセントで、若干都市ガスのほうが普及しています。しかし、地域差がはげしく、都市ガスの供給区域は都市部に集中しています。

都市ガスとプロパンガスの大きな違いは、都市ガスは地面に埋め込まれている導管によるエリア供給であるのに対し、プロパンガスは個人宅へ直接ボンベを配送する個別供給が中心だということです。大きな災害時には、都市ガスでは導管をすべて点検し、亀裂によるガスもれがないかを確認してからガスを供給します。一方、プロパンガスは個別供給なので、素早く点検・補修ができるので復旧が早いという利点があります。

個別訪問を実施したのです。翌日には全戸のガス復旧を成し遂げ、被災地のライフラインを守りました。一方、電力会社による電気の復旧は3日後でした。

震災当時、福島は3月といってもまだ寒く、灯油は必需品でした。そのため、すぐに手配に取りかかり、市外の遠方まで車を走らせて必要な灯油を確保しました。震災から年月がたった今でも、当時のこの対応に「おかげで助かったよ、ありがとう。ありがとう」と地域住民から感謝の言葉をかけられます。

篠木社長とアポロガスの取り組みには、一貫して「恩返し」の気持ちがあります。なぜ、こうまでして、「恩返し」を意識するのでしょうか。

東日本大震災のときには、帰り分の燃料を持参して朝7時から夜9時まで対応した。

大学時代の経験

恩返しの原点は、篠木社長の大学時代にあります。当時、篠木さんは幼いころからの夢だったパイロットの免許をとるために、中学・高校時代に新聞配達で貯めたお金で、大学を1年間休学してアメリカ留学をしました。しかし、留学後すぐに、高熱で食事がとれないほどの病気になってしまいました。このときに、篠木さんの窮状を見かねて手をさしのべてくれたのが、渡米の飛行機の席で偶然隣同士になったアメリカ人の若い牧師さんだったのです。

その牧師さんは、篠木さんを自宅に招いて食事をごちそうしたり、教会にさそったり、言葉でいいつくせないくらい親切にしてくださったそうです。篠木さんは、うれしくて、何度も感謝の涙を流しました。「いつかこの恩を返せる人間になろう」と決意を強くし、次第に「恩返し」を意識するようになりました。親から受けた恩は子へ、他人から受けた恩は周りへ返していくという「恩送り」が心の原点になっていったのです。

東日本大震災と、その後におきた福島第一原子力発電所の事故による混乱など、篠木さん自身も言葉でいいつくせないほどの困難に見舞われました。しかし、そのような状況でも地域のために活動し続けてこられたのは、ふるさとが大変なときこそ、まさに「恩返し」をしたい気持ちが大きかったからだといえます。

●お客さんを残しては行けない

話を東日本大震災のころに戻しましょう。

アポロガスのある福島市内は、福島第一原発から70キロメートル離れているとはいえ、放射能汚染への不安は日増しに深刻化していきました。全国区の会社の支社や営業所は閉店して、あいついで市外や県外へと避難していきました。アポロガスの社内でも、小さな子どもをもつ社員は、不安を隠しきれない様子でした。篠木社長は、会社を存続させるべきか、社員を避難させるべきか、大いに悩みました。

「ほかの会社は、みんな福島市を脱出して会津《あいづ》や山形県へ避難しているようです。社長、アポロガスはどうするのですか?」

不安な気持ちを抱えながら働く社員のなかからこのような質問が出てきたのを機に、篠木社長は、社員全員に緊急招集をかけて、創業以来初の昼礼をおこないました。集まった社員は、緊張した面持ちでいました。篠木社長は社員に向かって、

「わたしは最後まで残ってお客さまのライフラインを守ります」と、まずは自分の決意を述べました。そして、「みなさんが残るかどうかは、ご家族と話をしてください」と伝えました。

翌日、社長は全員との個別面接をおこないました。最年少の社員が部屋に入ってきていいました。

「両親は山形に帰ってこいといっているけれど、お客さんを残して自分だけは行けません」

女性社員は、こういいました。

「私の顔を見ると安心するおじいちゃん、おばあちゃんをおいて、自分だけ逃げられない」

ベテラン社員もいいました。

「最後まで残んのは当たり前だべ!」

ギリギリの状況下にいる社員たちの心からの言葉に、篠木社長は心を揺さぶられて、涙が止まりませんでした。

面談の結果、社員全員がこのまま残り、地域のライフラインを守ることと、地元の人が元気に暮

らせるように支援活動をしていくことが決まりました。震災後、アポロガスは、ガスの24時間保安監視システムを利用者に提供し、安否確認を家族にメールで知らせるサービスを始めました。これは、地元の一人暮らしのお年寄りを守るために、そして、遠くに住む家族に安心してもらえるように、無償で始めたものです。

40年前の恩返し

2011（平成23）年7月1日は、会社の40周年の創立記念日でした。篠木社長は半年前から、この日に合わせて地元新聞に全面広告を出す準備を進めてきました。福島第一原発事故から約4か月が経ち、その影響を受けて地域住民が減少していました。また、自社の存続自体も不透明であるため、広告に大金を投じることはリスクも大きかったといえます。しかし社長は、予定どおり全面広告を出しました。題は「40年前の恩返し」です。長くなりますが、全文を紹介します。

拝啓　40年前のかけだし記者様へ

40年前の今日、会社が設立されました。

熱い心の駆け出し新聞記者のあなたは、言いました。

「設立当初は、お金が掛かる。必要であれば、求人の告知とか営業やイベントの告知とか新聞記事として、私がどんどん書いて応援する！　今は、広告にお金を使わないで大丈夫。ず〜っと先に、会社が大きくなって余裕ができたら、新聞に大きく全面広告でも出してもらえればいいから」あなたは、もう忘れているかもしれませんが、笑いながらあなたとアポロガスの初代社長は、40年前に約束をしました。

まだまだ簡単に全面広告を打てるような会社でもなく、また東日本大震災の影響で余裕があるわけでもありませんが、40年の節目の今日、あの約束をはたさせていただきます。あの時、飯坂支局の熱い支局長だった福島民報社のW社長、有難うございました。40年かかりましたが、やっと恩返しができます。

社名に刻まれたアポロの「チャレンジ精神」と、約束や愛情・思いやり・家族のきずなという「目に見えないものを大切にする心」は、アポロガスのＤＮＡとして未来永劫これからも変えずに引き継いで行きます。

アポロガスグループは、地元ふくしまで生まれた会社としてこれからも、ふくしまにこだわり、ふくしまを愛し、ふくしま人として「本物の会社」を目指していきます。

ふくしまにはほんとうの空が、ほんとうの山が、ほんとうの川があります。そして、「ほんとうの空」の下、福島の子供たちが放射線を気にせず、心から安心して遊べる日が早く来るよう願って止みません。

平成23年7月1日

株式会社アポロガス　代表取締役　篠木　雄司

この広告には、ふたつの恩返しが込められています。ひとつ目は、設立間もないために資金がないものの、地域振興にかける先代社長の思いの熱さに心動かされた記者が、同社を積極的に新聞記事に取り上げてくれたことへの恩返しです。先代社長はこの恩を忘れずに、当時小学生だった息子の篠木社長に向かって、「いつか全面広告を出して恩返しをしなくては」とつねづね語っていました。

当時の駆け出し記者だった渡部世一《わたなべせいいち》さんは、40年を経て地元新聞社の大手、福島民報社の社長になっていました。渡部社長への篠木社長からのサプライズとして、新聞広告は新聞社内でも内密に制作されました。広告が新聞に掲載された当日、その記事を読んだ渡部社長の夫人がもしやと思って、新聞社にいるご主人に電話を入れたそうです。

「今日の朝刊のアポロガスさんの全面広告に書かれているのは、あなたのことじゃないかしら?」

驚いて記事を読んだ渡部社長は、アポロガスの現社長が先代に代わり、自分がすっかり忘れていた約束を果たしてくれたことに、感動したそうです。アポロガスの先代社長も、駆け出し記者だった渡部社長も70代になります。創立時に発揮された記者の真心は、恩となって父と息子の胸に刻まれ、世代をつないで40年後の恩返しとなりました。

恩返しのふたつ目は、会社が40年間、愛され育ててもらった地域へのものです。篠木社長は、広告のメッセージを通して、東日本大震災と福島第一原発事故で不安にさいなまれ傷ついた地域の人々の心に、安心と元気を与えたいと思いました。「住民がいるかぎり地域に元気を供給し続ける」という篠木社長の思いを、しっかりと地域の人たちに伝えたかったのです。

●太宰府天満宮の梅の若木が結ぶ絆

東日本大震災のあった3月11日は、福島市の中学校の卒業式当日でした。ふだんであれば、中学を卒業し、新たに高校生活をスタートする区切りの春ですが、震災の被害によって、それもままなりませんでした。その春、福島県立福島高校に入学した新1年生も、校舎が地震で損壊し避難所にもなったため、授業は体育館や仮設校舎でおこなわれ、なにかと不自由な学生生活を強いられました。

それから3年が経ち、当時の1年生は卒業を迎える学年になりました。福島高校の卒業生である篠木さんは、苦しい高校生活をおくった3年生に晴ればれと巣立ってもらうために、卒業生としてなにかできることはないかと、かつての級友たちと話し合いました。

福島高校は、地元の学問の神様である曾根田《そねだ》天満宮にちなみ、梅を校章にしていて、「梅校」ともよばれて親しまれています。梅は厳しい寒さや風雪に耐え、多くの花に先駆けて花を咲かせます。福島の若者が耐えている状況を重ね合わせて、梅の植樹がいいと、級友たちと意見が一致しました。

梅を植えるなら、「日本一の梅の木を校庭に植樹したい。3年間、様々な困難を乗り越えてきた生徒たちだから、福島高校で学んだ誇りや思い出を残してもらうためにも」。そこで、学問の神様である菅原道真《すがわらのみちざね》を奉る太宰府《だざいふ》天満宮（福岡県太宰府市）の梅の木を贈呈する「平成の飛梅《とびうめ》プロジェクト」がスタートしました。篠木社長はプロジェクトリーダーとして、実現に向けて奔走しました。

まずは、福島市の地元の神社関係者に相談したところ、「ご神木を譲り受けるのは無理でしょう」と即答されてしまいました。今まで１０００年以上も、神社以外には門外不出の梅だったからです。しかし、あきらめきれない篠木社長は、直々に太宰府天満宮を訪れて、趣旨を伝えるとともに、福島の子どもたちの様子を記した手紙を職員に手渡しました。

太宰府天満宮の西高辻信良《にしたかつじのぶよし》宮司は、被災者支援のため、東北に足しげく通っていました。福島の若者を励ましたいという篠木さんたちの気持ちは、天満宮と相通じるものがありました。関係者の力添えもあり、5本の梅の若木が福島に譲られることが決定しました。神社以外の場所に梅の木が移植されるのは異例なことでした。

太宰府天満宮の「飛梅」と篠木社長。

5本のうち1本は種類不明の梅の木でした。福島高校で名付け親になってほしいという、宮司の粋な計らいでした。その無名の白梅は、のちに生徒たちによって、福島の復興と福島高校を掛けて「福高《ふくこう》の暁《あかつき》」と命名されました。

「平成の飛梅プロジェクト」は、篠木社長ほか卒業生が、母校の生徒を励ましたい一心から始めたものです。当初は実現の可能性はゼロに近かったものの、篠木社長たちの若者を気遣う心、その思いをくみ取り応えようとする西高辻宮司たちの心、それらが善意の波となって広がり、成功の結果を引き寄せました。5本の梅の木は、その後、福島の地にしっかり根付きました。

一方、2016(平成28)年2月には、「福高の暁」の姉妹の梅が、1400キロメートル離れた太宰府天満宮の太鼓橋を渡った右角に植えられました。太宰府天満宮から贈られた5本のうち、福島高校で新たに名付けられた梅の木です。福島と太宰府天満宮を結ぶ絆ともいえる「福高の暁」は、春の声を聞くころになると、両方の地で勇気と元気の花を咲かせていくことでしょう。

●自信と誇りに満ちた福島の未来づくり

このように、アポロガスが供給しているのは、ガスや電力などのエネルギーだけではありません。「福島の皆様に元気エネルギーを供給し続けること」。それが、アポロガスの宣言です。福島を元気づける活動は、東日本大震災後、加速していきます。

震災のあった年には、社会貢献活動として「こころの幻燈会」という詩集を出版しました。これは小学生を中心に、福島県内に住む人から「あたたかい心」をテーマにした詩を集めてつくられたものです。売上げは、子どもたちの絵本や遊具の代金にあてました。

「アポロしあわせ基金」も立ち上げ、この基金を活用して、県内の幼稚園や保育園に、いろいろな遊具を寄贈しています。原発事故の影響で、屋内で遊ぶことが多くなってしまったからです。

「ふくしまキャンドルナイト（現：アカリトライブ）」というイベントも立ち上げました。無数に灯るキャンドルの明かりのなかで、キャンドルイベントと音楽イベントがおこなわれるというものです。

これらの活動のすべての根源にあるのは、「福島を元気に」という篠木社長とアポロガスの社員たちの思いです。

「震災後、福島は全国のみなさんに助けてもらって、本当にありがたかった。しかし、助けてもらっているだけでは福島はよくならない。今度は、福島が全国に対して、『元気エネルギー』の発信地となるのです。そうすることで、福島の人は自信と誇りを取り戻し、真の復興になるのです」という信念を篠木社長は貫いています。

アカリトライブでは、キャンドルホルダーに言葉のメッセージを書いて、キャンドルを灯す。

「アポロしあわせ基金」で遊具を子どもたちに手渡す篠木社長。

餡をまごころで包んで165年

柏屋

福島県郡山市

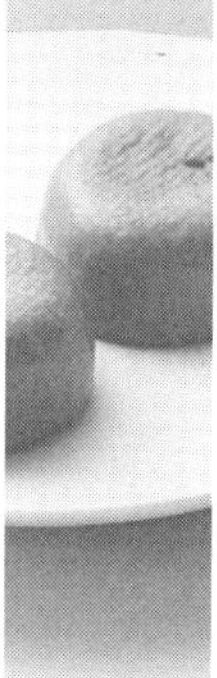

旅籠からお菓子屋へ

福島県郡山《こおりやま》市に、創業165年というお菓子屋の老舗があります。「柏屋」です。郡山は、江戸時代までは奥州《おうしゅう》街道の宿場町として栄えたところで、当時、柏屋は郡山宿の本陣近くで旅籠《はたご》（旅館業）を営んでいました。

柏屋が菓子屋に転じたのは、1852（嘉永5）年のことです。宿の茶店で饅頭《まんじゅう》を売ったのがきっかけだといいます。初代の本名《ほんな》善兵衛《ぜんべえ》は、「病に薬がいるように、健やかなものにこころの和みが必要」との思いから、「100歳の翁にとっても3歳の子どもにとっても、饅頭は国民の滋養である」を原点に、世代を問わずだれからも喜んでもらえることを願って、薄皮《うすかわ》饅頭を考案しました。当時は餡《あん》が貴重で、餡の量を少なくするために、饅頭は皮が厚いのが普通でした。そんななかで、こし餡がたっぷり入った皮の薄い饅頭は珍しく、そのおいしさから柏屋の薄皮饅頭は奥州街道の名物となりました。

創業まもないころ、「薄皮饅頭のつくり方を教えてほしい」と上野国《こうずけのくに》（今の群馬県）から旅姿の男が訪ねてきたことがあります。初代・善兵衛からつくり方を学んだ男は、1年ほどして再び訪ねてきて、いいました。

「教えてもらったようにやっているけれど、まだうまくできません」

初代はたずねました。

「お前さんは餡を何で包むのですか？」

「教えのとおり、あのようにしてつくった皮で包んでいるのですが……」

そこで、その男のつくり方を聞いた初代は一言、「それだからおいしい饅頭ができないんだ。まごころで包まなければ、お客さまに喜んでいただけない」と、男を諭したといいます。

皮で包むのではなく、まごころで包む

現在、柏屋で1日につくられる薄皮饅頭は、約8万個にもなります。毎年増え続ける薄皮饅頭づくりを職人が担うのは大変な労力だと考えた4代目・善兵衛は、1963（昭和38）年、世界で初めて機械で餡を包む「包餡機」を食品機械メーカーと共同で開発しました。この包餡機は、「暖簾《のれん》に恥じる薄皮饅頭ならつくらない

福島県内のあちこちにお店がある。写真は、郡山駅近くの本店。

ほうがまし」という3代目の教えを守り、手づくりよりもおいしい薄皮饅頭ができるまで、数十回の試行錯誤を繰り返し、ようやくできた自信作です。

今では、実演を除くすべての薄皮饅頭を包餡機でつくっています。薄皮に餡を包む手は人から機械に変わりましたが、変わらないものがあります。それは、「まごころで包む」という柏屋の信条です。お客さんに接する従業員の笑顔、挨拶、おもてなし、店の清らかさや商品づくりなど、柏屋をささえるスタッフ全員に、他人のために尽くそうという純粋な気持ちや誠意が息づいています。

●暖簾に恥じない菓子づくり

柏屋の初代・本名善兵衛は、仙台藩の武家から本名家に婿入りした人で、武士そのものの気骨がある人物でした。本名家の祖先が医師だったことから、「薄皮饅頭は国民の滋養」だという饅頭観をもっていたといわれています。

柏屋の当主は、代々善兵衛を襲名していきます。現在は5代目が受け継いでいます。柏屋には、初代以来200もの家訓があります。そのなかで、善兵衛を襲名する者だけに伝えられる言葉があります。それが「不易流行」と「代々初代」という二つの言葉です。それぞれ「時代と共に変えなければならないことと、変えてはならない信用を守る」「一代一代が初めてことを始めるような気持ちで励みなさい」という意味です。この言葉どおり、初代から今日にいたるまで、善兵衛を襲名する者は、代々、不屈の精神で薄皮饅頭づくりに取り組んできました。

明治時代を担った2代目のころには、こんなことがありました。

ある大地主が法事の饅頭を柏屋に頼みました。しかし条件がひとつ。「東京のある饅頭屋と同じ饅頭をつくってほしい」というのです。これに対して2代目は、「薄皮饅頭ならばつくりますが、東京のお菓子屋の真似はできません」と注文を断ったといいます。家柄や身分などが重んじられていた時代に、大地主の注文を断ったわけですから、命がけの決断であったといっても過言ではありません。結局、地主が2代目のかたくなな姿勢に折れて、薄皮饅頭を注文したといいます。

3代目は、「戦争」という困難にぶつかりました。戦中〜戦後の食糧難の時代に3年もの間、饅頭づくりができませんでした。柏屋の薄皮饅頭に必要な材料がそろわなかったからです。同業者が次々と人工甘味料を使って菓子づくりを再開するなか、

豆知識

老舗当主の襲名

「襲名」というと、歌舞伎役者や落語家などが先人と同じ名前を継ぐことで知られていますが、古い商家でも当主が襲名をおこなうことがあります。しかも老舗当主の場合、歌舞伎役者などのように芸名を継ぐのではなく、法律上の名前までも変える「改名」をおこないます。

改名をする際には、家庭裁判所に改名する理由を示す膨大な資料をそえて申請します。改名後のさまざまな書類の手続きも大変です。老舗の襲名は、主人が交代しても、店の伝統を相続し、その精神は変わらないことを示すひとつの証でもあるといわれています。そして、店の精神を維持しながら、開発と改良にも心をくだき、事業を発展させていくという使命も託されているのです。

「今は、おなかではなく、心を満たそう」といいきかせ、柏屋の薄皮饅頭がつくれる素材がそろうまで再開のときを待ちました。

こうして、戦後は時代の変化やお客さんのニーズに耳を傾け、薄皮饅頭だけでなく新しい製品づくりに着手してきました。代が変われば、先代からのアドバイスはいっさいありません。「悩んだら仏さんに向かって自問自答しろ。そうすれば答えが出てくる」。そういわれてきたのです。

「柏屋」の商品は、今ではインターネット上での販売を含めると年間約４００種類になります。もはや和菓子の枠を超え、タルトやケーキなど洋菓子にも及んでいます。先代が築き上げた柏屋の「心」を守り、「不易流行」「代々初代」という言葉どおり、時代に合わせて新しい商品開発へと挑戦を続けています。こうして柏屋は、移り変わるお客さんの期待に応え、信頼を得てきたのです。

現在、柏屋の店舗数は27。福島県を中心に東京にも出店しています。

地産地消のお菓子づくり

柏屋が店でいちばん大切にしていることは、お客さんに「季節」を感じてもらうことです。店では、年間を通して四季を感じるディスプレイでお客さんを迎えています。

たとえば、3月の桃の節句はお雛さま、5月の端午の節句は兜、7月の七夕には笹飾りなどが店頭を飾ります。主力商品の薄皮饅頭のほかに、四季のお菓子には、厳選された季節の素材が使われます。それも、地元の福島で採れた素材をふんだんに使うことを心がけています。

2011（平成23）年に起きた東日本大震災のあと、福島は風評被害に苦しんできました。柏屋の売り上げも震災直後はゼロ！　現在も震災前に比べて2割ほど落ちています。ところが、そのようななかで柏屋は、数百万円の投資をして放射能測定器を購入しました。店であつかう材料や商品はすべて、この放射能測定器に掛けられてきました。

「震災から5年たった今も毎日検査をおこなっていますが、一度も基準値を超えたことはありません」と、5代目はいいます。福島が誇る新鮮で安全な食材を使ったお菓子を通して、お客さんに四季の味を届けているのです。

家族のようにお客さんを迎え入れる「朝茶会」

毎月1日の早朝、柏屋本店のある郡山駅前通りに長い行列ができます。柏屋「朝茶会」の行列です。並んでいるお客さんから、「今月のお菓子は何かな……」などと、楽しげな会話が聞こえてきます。

郡山が宿場町だったころ、この地域では「寄ってお茶でも飲んでがんさんしょ！」の言葉に誘われ、縁台でお茶を飲む習慣がありました。朝茶会は、4代目が友人を数人集めて、朝食代わりに饅頭を食べることから始まり、その友人が友人を連れてきて、どんどん友だちの輪が広がった結果です。

現在、朝6時から8時の開催時間に、300～400人が来店します。参加の条件は、「おはよう！」「行ってきます！」の元気な挨拶のみ。中・高校生から通勤途中のサラリーマン、そして年配者までお客さんがとぎれることはありません。全員に、薄皮饅頭と季節の菓子が、熱いお茶といっしょに無料でふるまわれます。

会場は40席ほどしかないので相席になります。一人で参加した人にも友だちができるようにと、社長の巧みな席への誘導と社員の素早い対応により、2時間で10回転を確保します。朝茶会の出会いで友だちになった人や、結婚にまでいたった人もいます。3月1日の朝茶会では、卒業シーズンにちなみ、卒業者に萬寿神社のお守りをプレゼントして卒業を祝うのが恒例になっています。

「朝茶会」に並ぶお客さんたち。

「いろんな人との触れ合いが楽しい」、「実家に帰ったときのように、あたたかく迎え入れてくれるのがうれしい」、「毎月1日の早朝に実施されるので、今月もがんばろうと気合いを入れる行事にしている」など、参加した人たちの感想もさまざまです。

朝茶会の日は、開始1時間前の5時にスタッフの朝礼がおこなわれます。社長は、朝礼で「挨拶・笑顔・素早いお茶出し」の徹底をよびかけます。全社員交代での参加が義務づけられていて、朝茶会は、「まごころで包む」柏屋の理念教育の場でもあります。

朝茶会は、初回の1974（昭和49）年から、元旦を除く毎月1日に休みなく続けられてきました。唯一、東日本大震災時に3回休みましたが、工場・店舗・社員が被災し、放射能汚染の不安のなか、3か月で再開しました。

「震災直後は、工場も物流もストップし、何もつくれない状態でした。売り上げがゼロになったときの恐怖は忘れられません。しかし、そのようななかで、売り上げよりも朝茶会を優先して開催することは、『こころの和み』を提供し続けてきた柏屋には当然のことだと思い直したのです」と、5代目は当時を振り返ります。みんなが大変なときだからこそ、「こころの和み」を直接届けることのできる「朝茶会」を第一に考えたのです。

柏屋には「地域貢献」という概念がありません。社会に対してできることをごく自然に実践してきたというのです。柏屋は地域に愛され、なくてはならない存在であると同時に、地域に育てられてきました。柏屋の朝茶会は、地域の人たちの交流の場であると共に、「まごころ」を伝える社員教育の場でもあります。お客さんに喜んでもらうのと同時に、お客さんからいろいろなことを学ばせてもらっているのだといいます。

●店のウィンドウを子どもの夢で飾ろう

1958（昭和33）年、戦後の混乱期から高度成長期への移行期に、郡山は商工業都市として発展する一方で、暴力団抗争が相次いで起こりました。治安の悪いまち「東北のシカゴ」としての名が広がっていったのです。

そんな環境のなかで、子どもたちが夢を描き、豊かな子ども時代を過ごせるようにと、4代目の発案により誕生したのが、児童詩集「青い窓」でした。詩集の名前は、「青は澄み切った遠くの青い空、窓は思いを伝える心の窓」と、心が空に向かっていくようにという願いを込めて付けられたそうです。子どもの詩を募集して、町ゆく人に読んでもらいたいと考えた4代目は、店のショーウィンドウからお菓子を引っ込めて、詩をパネルにしてウィンドウに掲載しました。売り上げに直結するショーウィンドウの商品を下げてまで、子どもの詩のすばらしさを人々に伝えていこうとしたのです。

「青い窓」は、柏屋にとって大事な財産です。1982（昭和57）年から数年間、経営が低迷し、社報を休刊にした時期がありました。5代目がまだ社長になる前、「何とか『青い窓』だけは続けたい」と、労働組合に願いを伝えました。すると、組合から「こちらのほうこそ継続を願っています」といわれたといいます。5代目は、うれしい気持ちとともに、「餡は皮で包むのでなく、まごころで包む」という柏屋全体に浸透する伝統を実感したそうです。

現在、「青い窓」は、柏屋各店のウィンドウでの展示、ラジオ放送、詩集の出版へと広がり、英語に翻訳されて海外でも読まれるほどになっています。

5代目が社長に就任したばかりで何をすればよいか悩んでいたとき、「青い窓」の『ポケット』という詩から、「柏屋は、社会みんなのポケットになる」という経営のスタンスを学んだといいます。子どもたちが詩で夢を表現し、実現できるようにという願いを込めて始めた「青い窓」が、柏屋のあり方を導く道しるべともなったのです。

「ポケット」

東京都・小学校3年生　栗辻安子

お母さんの　エプロンの
ポケットの中を見ると
ボタンや　はんけち　小さなえんぴつ
ちり紙や　ひもも　はいっている
そのほかにも　まだはいっている
ポケットに手を入れて
いそがしそうに　はたらいている
くしゃみをすると　すぐちり紙を
出してくれる
妹のかおがきたないと
はんけちを出して　かおをふく
おかあさんのポケットでない
みんなのポケットだ

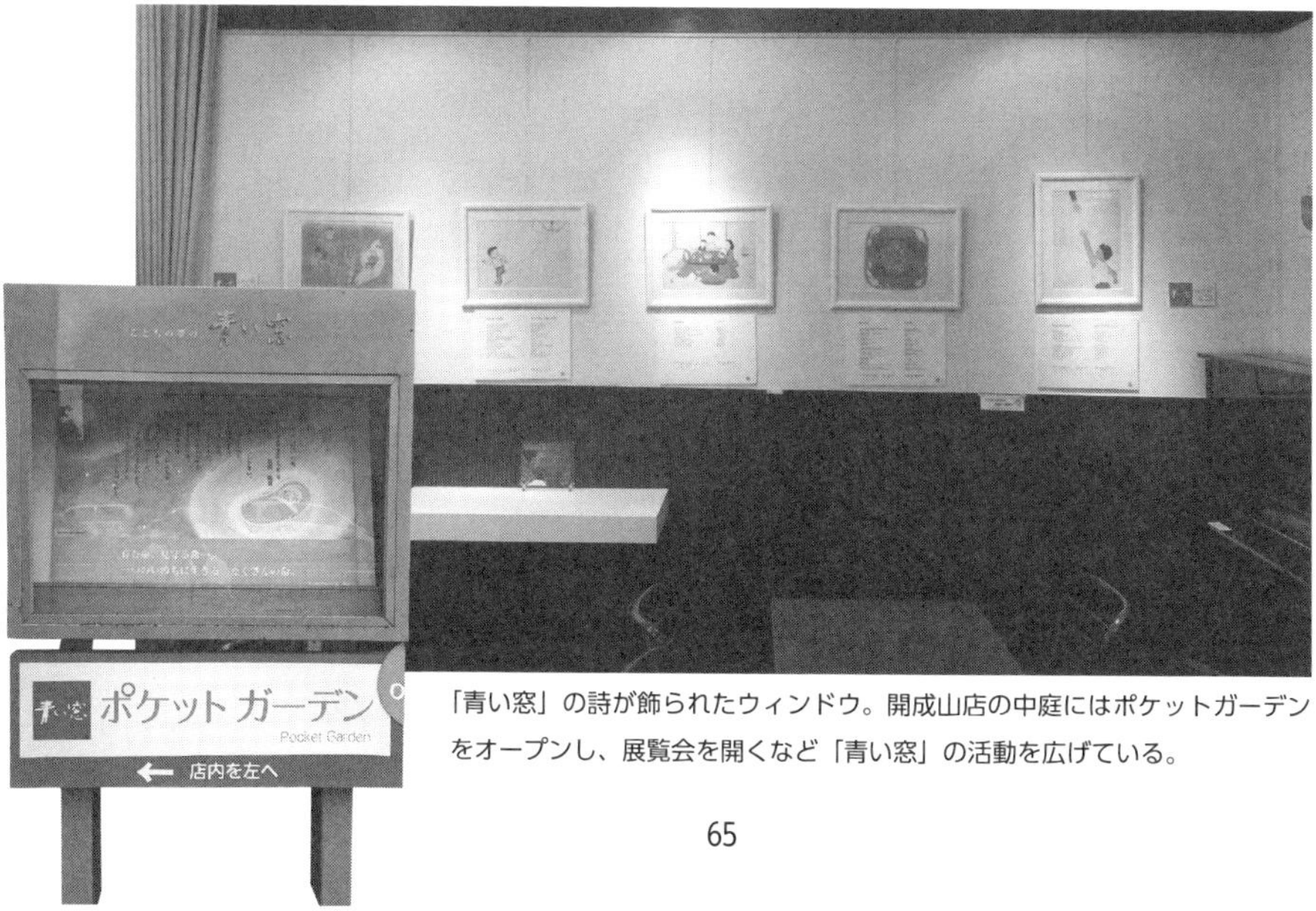

「青い窓」の詩が飾られたウィンドウ。開成山店の中庭にはポケットガーデンをオープンし、展覧会を開くなど「青い窓」の活動を広げている。

●ピンチはチャンス

1986(昭和61)年8月、集中豪雨で阿武隈川《あぶくまがわ》の支流である逢瀬川《おうせがわ》や矢田川《やたがわ》の堤防が決壊して、柏屋の工場が水没しました。この水害から2か月後、突然の社長交代がおこなわれました。現社長である5代目の誕生です。5代目は、社長就任時に先代から「ピンチはチャンス」といわれたことが印象に残っているといいます。

「当時は工場も浸水し、大変な状況でした。痛みを伴う改革の連続でしたが、確かに、『ピンチのときこそチャンス』なんです。水害の次の年には、それまでの最高の売り上げを達成しました」

東日本大震災のときも大変なピンチでした。震災直後は、柏屋も被災。売り上げはゼロになり、再生は不可能と思われました。しかし、現在は震災前の売り上げの8割まで回復してきました。

2016(平成28)年4月、「震災復興から未来へ!」との思いを込めて、柏屋で第1回「日本三大まんじゅうサミット in Fukushima 2016」が開催されました。日本三大まんじゅうと称される「志《し》ほせ饅頭」(東京都中央《ちゅうおう》区)「大手《おおて》まんぢゅう」(岡山県岡山市)「柏屋薄皮饅頭」の代表者が一堂に会し、自社商品の歴史や文化、理念および饅頭の素晴らしさを語り、パネルディスカッションや試食会などを通じて参加者との交流を深め、「日

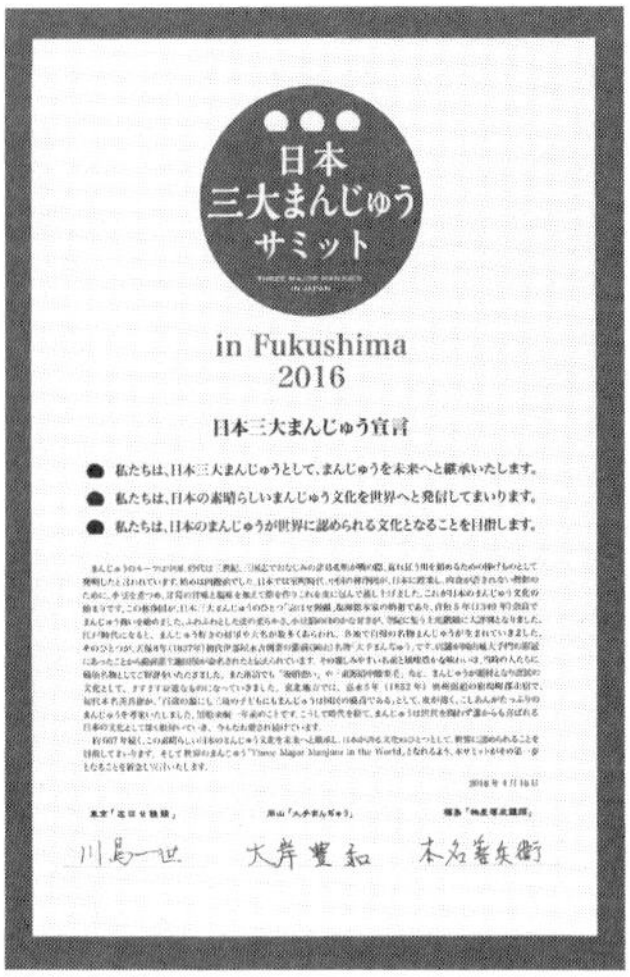

本三大まんじゅう宣言」を採択しました。


「日本三大まんじゅう宣言」

私たちは、日本三大まんじゅうとして、まんじゅうを未来へと継承いたします。

私たちは、日本の素晴らしいまんじゅう文化を世界へと発信してまいります。

私たちは、日本のまんじゅうが世界に認められる文化となることを目指します。


「震災復興から未来へ！」の思いと、「ピンチはチャンス」という柏屋の165年におよぶDNAが融合して、福島から新たな地域パワーが発揮されることが期待されています。

「日本三大まんじゅうサミット」で採択された「日本三大まんじゅう宣言」。左端が柏屋5代目の本名善兵衛社長。

「お茶の間」を復活させて心のつながりを再発見

おづつみ園

埼玉県春日部市

おもてなしの心

世界にはさまざまなお茶の種類があり、それぞれの文化を築き上げています。日本には「茶道」という文化があり、「茶の間」という言葉も古くから親しまれています。日本のお茶文化とおもてなしの心は、切っても切れない縁でつながっています。

茶道のおもてなしを経営に取り入れ、4代にわたって着実に業績を伸ばしている日本茶の専門店があります。埼玉県春日部《かすかべ》市にある、おづつみ園です。

おづつみ園では、店内に入ると「いらっしゃいませ」という歓迎のあいさつとともに、購入するしないにかかわらず、入れたてのお茶が振る舞われます。店員の「ごゆっくりお過ごしください」という言葉には、おもてなしの心が込められています。

接客マニュアルなどはありません。お客さんにとって、店員自身がよいと思った接客をすることが大事だからです。お客さんにプレッシャーをかけないように、〝声かけ〟を最低限におさえるよう、気配りも心がけます。

地元のお客さんも多く、商品の説明だけではなく、その日の天気の話や家族のこと、テレビの話題などが、楽しそうな笑い声とともに店員とお客さんのあいだで交わされます。お客さんのなかには、「店員さんと話をしたいから」といって来店する人もいます。

おづつみ園では、希望すれば店内にあるすべてのお茶の試飲ができます。商品の袋を目の前で開封して入れるのです。お茶の特徴を言葉で説明するよりも、実際に飲んだほうが味も正確に伝わるし、信頼度もより高まるという理由からです。そこには、商品を売るのではなく知ってほしいという、代々受け継がれてきた教えが生きています。

創業のきっかけ

おづつみ園の創業は、1868（明治元）年です。初代の尾堤卯三郎《おづつみうさぶろう》さんは、春日部の外れにある内牧《うちまき》地区（当時は粕壁《かすかべ》内牧郷）で農家をしていました。

卯三郎さんは酒が好きだったので、「お茶は酒毒を消す」「二日酔いにはお茶がよい」と聞き、埼玉県の有名な茶所の狭山《さやま》から、春日部の自分の土地（内牧郷）に茶の苗木を移植しました。その苗木を有機肥料で育てながら、手もみ茶を製造したのが、おづつみ園の始まりとなります。卯三郎さんにとって酒毒を消してくれるお茶は、必需品だったのです。

試飲をとおしてお客さんとの会話もはずむ。

そのころ、春日部地域の専業農家では、2月から米苗づくりを始め、4月の終わりから5月の終わりにかけて田植えをおこなっていました。昔の米づくりでは、育苗から収穫までにおおよそ1年ほどかかり、収穫後にようやく収入となるので、農家の人たちの生活は厳しいものでした。

「これでは、どこの農家も、暮らしがよくはならない」と立ち上がったのが、大正時代から昭和時代にかけて、2代目をつとめた政《まさ》右《え》衛門《もん》さんです。

政右衛門さんは農協の組合長を引き受けたことをきっかけに、地元の農家を立て直すためにはどうしたらよいのかを考えていたのです。何かよい方法がないかと自分の畑を見渡してみると、畑の奥にひっそりとあったのが、先代が育てていたお茶の木でした。

お茶の新芽が出るのは5月。新茶を5月中に問屋さんに売れば、6月にはお茶の収入が農家に入ります。すると、秋の稲刈り後とあわせて収入の機会が2回になり、少しは暮らしが楽になります。政右衛門さんは、無料で地域の農家にお茶の苗木を分け、「畑のくろに植えろ」（くろ＝淵）といって、陸田（水稲などを栽培するために畑を利用する農地）が多く、水の確保に大変な苦労をしていた春日部地域のコメ農家にお茶栽培を広めていったのです。

おづつみ園自慢のお茶。

陸田のくろにお茶を植えると淵が崩れにくく、水の確保もでき、お茶の苗の生育もよくなったので、農家から非常に喜ばれました。さらに、田植えをしているときにお茶の新芽がふと目につき、田植えの合間に新芽を摘むことができるのです。政右衛門さんは、その新芽を農家から買い取ります。おづつみ園には、自分たちの土地にお茶の木が少なくても、内牧地域のあちこちからお茶の葉が集まってくるようになりました。無料でお茶の苗木を配ると、新芽となって戻ってくるのです。地域の農家から喜ばれ、地域貢献で収益を上げるというその方法は、現在のソーシャルビジネスのようなものでした。

お客さんに喜ばれるために

茶業界では、新茶を仕入れるために、通常3月ごろに「つぼざらえ」というセールをおこないます。3代目の英雄《ひでお》さんは、年に1度だけでなく毎月セールをおこなったほうがお客さんに喜ばれるのではないかと、毎月、お

豆知識 ソーシャルビジネス

子育て支援や高齢者・障がい者の介護、環境保護、まちづくりなどといった地域社会における課題解決に向けて、住民、NPO、企業などが協力しながらビジネスの手法を活用して取り組み、継続して事業を続けていくことを「ソーシャルビジネス」といいます。

ソーシャルビジネスは「困っている人を支援したい」「自分の能力や技術を社会のために役立てたい」と考える人たちが、さまざまなかたちで社会とかかわるビジネスです。それにより、社会的な課題が解決されるだけでなく、地域における新たな起業や雇用の創出などを通じた地域おこしや社会の活性化につながる活動として期待されています。

茶のセールを始めました。

最初は利益率が高いお茶をセール商品にしていたのですが、お客さんから「ほかのお茶もセールにしてほしい」「飲みたいお茶がセールになっていない」などという声が多く聞こえるようになり、お客さんの声に耳をかたむけ、すべてのお茶を20パーセント割引にしてしまいました。問屋やほかの茶商には、「お茶は半年もつものなのに、それを安売りしたら安売りの日にしかお客さんが来なくなるぞ！」といわれていたのですが、買いやすくなった分、「お友だちにたのまれて」「親戚の分も」といった、地方発送や贈答のマーケットが広がり、結果的に売り上げの増加につながりました。

お客さんからのお礼の手紙のなかには、「年金暮らしの自分にとって、月に1度の特売日においしいお茶を買うことが何よりの喜びです。やめることなく、いつまでも続けてください」という、高齢者の女性からのものもありました。この「第4金曜奉仕特売日」は、40年以上も続けられています。

おづつみ園のもうひとつの試みとして、「お茶の子倶楽部」というポイントカードがあります。これも、すでに20年以上続いているサービスです。

ポイントカードは、ふつう忘れるとポイントが付かなかったり、有効期限があったりしますが、おづつみ園のポイントカード

「お茶の子倶楽部」のポイントカード。

は、忘れても電話番号を店の人に伝えればポイントが付き、有効期限もありません。カードを紛失してもポイントが失効されず、入会金や年会費もいっさいかからないという、どこまでもお客さんの立場に立った仕組みとなっています。来店客の93パーセントがこのポイントカードを利用しているといいますが、それは、おづつみ園のほとんどのお客さんがリピート客だということです。

さらに地域のお客さんへの恩返しのために、お茶摘み教室も始めました。年に1度の新茶の季節に、地域の人を対象として、有機肥料にこだわり、昔ながらの伝統農法と最新の技術で育てられている茶畑を開放し、お茶摘みを気軽に楽しんでもらう企画です。この教室を始めたきっかけは、45年ほど前に、市内の公民館から体験教室の依頼があったことでした。

自社でお茶摘み教室を開催するようになってか

お茶摘み教室では茶摘み体験のあと、茶工場の見学と、昼食後にお茶の楽しみ方教室がおこなわれる。中央の男性が4代目社長の宏さん。

ら30年以上が経ち、今では「おやこ教室」「おとな教室」「子供教室」「保育園児教室」「特別団体教室」と、さまざまなかたちで開催されています。参加人数は1回25～30人。毎シーズン300人以上が体験しているので、累計では1万人を超える人が、「お茶摘み教室」を体験していることになります。

●居心地のいい空間をめざして

家族が集まって、食事や団欒の時間を過ごす部屋を、日本では「茶の間」とよぶほど、お茶は日本人の文化に深く根づいています。しかし、日本人のライフスタイルが集団から個へと変化すると、茶の間はリビングへと変化していきました。お茶も数ある飲み物の一つになってしまい、2015（平成27）年の緑茶（リーフ）の一人当たりの購入量は、10年前と比べると約3割も減少してしまい（総務省「家計簿調査年報」（二人以上の世帯））、茶業界は斜陽産業といわれるようになってきました。4代目の宏《ひろし》さんは、この現状に非常に強い危機感をもっていました。この状態を「未来のない業態」といいきる宏さんは、3代目が掲げていた企業理念の「よりよい品を、より安く」から「よりよい品を、よりお求めやすく」に変えることにしました。

「お求めやすく」とは、単に値段が安いのではなく、買いやすい場所、方法、そして購入したくなる空間などのことを意味しています。現在はそのモットーをさらに進化させ、お茶の葉を売るのではなく、お茶を飲む時間や空間そのものを提供していかなければ生き残っていけないという強い

おづつみ園のイベントコンサート。有料でお茶とお菓子付き。

思いを込めて、「お茶のある素敵な暮らしを創造する」という理念を掲げています。

このような理念が生まれるまでには、試行錯誤がありました。宏さんは、「これからの時代、お茶の葉を売っていくだけでは厳しい環境となる。お客さんに魅力を感じてもらうにはどうすればよいのか」ということを考え、たどりついたのが、「文化・時間・空間・音楽」を暮らしのなかに提案していくことだったのです。

そのころ、宏さんは地域の音楽イベントの実行委員長をしていました。アマチュアバンドとプロバンドとの音楽セッションを聴いてもらいながら、お客さんにお茶とお菓子を提供するイベントを企画したのです。最初は地域の人たちに喜んでほしいと始めたのですが、次第に春日部市も一丸となって、地域を音楽で盛り上げていくような一大イベントに成長していきました。

春は「お花見コンサート」「藤祭りライブ」、夏は「七夕コンサート」、秋は「十五夜コンサート」「十三夜コンサート」、そして「かすかべ音楽祭」、年2回の「ジャズデイかすかべ」などの音楽イベントを開催するほかに、バンドとして外部のイベントにも多数参加しています。10月と11月には毎週土曜日と日曜日、計12回のイベントに、12月には春日部駅前の「特産品羽子板まつり」にも参加します。２０１６（平成28）年におこなわれた「商工まつり」では、テントを張り、お茶の無料接待所を設け、2日間で８０００杯を超えるお茶を無料で配布しました。

また、日本茶のよさを未来に伝えるべく、お店の横にカフェ「はなあゆ」もオープンしました。おいしくお茶を飲むのはもちろん、お茶に合うお菓子や抹茶味のスイーツ、お茶漬けなどの食事メニューといったラインナップで、地元のお客さんに喜ばれています。地元産にこだわり、素材は地元の農家と契約しています。化学調味料を使わず、素材をすべて工夫して使い切るというこだわりも徹底し

カフェ「はなあゆ」の入口。車いすでも通りやすいように工夫されている。

ています。お茶のエキスパートと接客のプロ、食の専門家が力を合わせて、最高のおいしさと「正しい食」を追求しています。

代々続く、家族的経営

おづつみ園では、社員を募集する際に、基本的に年齢制限はありません。魅力的な人材を広く求めるからです。採用のポイントは、「仕事ができる人より、なかよくできる人」。お客さんや仲間となかよくできなければ、よいサービスはできないと考えるからです。目の前の売り上げよりも、お客さんが何度も訪れたくなる店であることが大事なのです。

また、おづつみ園には定年という考え方がありません。今の工場長は、16歳で入社して70歳を過ぎた今もお茶づくりをしています。店では、74歳の人がベテラン店員として元気

カフェ「はなあゆ」の店内。外観は和風だが、なかは北欧風のインテリアで統一されている。

に働いています。「働きたいうちは働き、本人が辞めたいと思ったときが定年」と考え、年齢を気にしていないのです。

家庭の事情で長時間働けない人はパートを希望することもありますが、社員でもパートでも、処遇や仕事内容の差はありません。基本的には全員が社員であって、引退後も安定した生活を送ってほしいと考えるからです。過去8年間で会社を辞めた人がいないということに、会社への満足度も現れています。年次有給取得は、全国平均が48・8パーセントのところ、おづつみ園では90パーセント、さらに教育訓練時間比率（労働時間に占める教育訓練時間）は5パーセントを占めています。安心して働けるという環境が心に余裕を生み、あたたかいサービスを提供しているのです。

今でも引退した社員が遊びに来て、お茶を飲んだり、昔から働いている社員同士で食事会をしたりすることもあります。社員を大切にしているからこそ、社員にも地域やお店を大切に思う気持ちが生まれ、その気持ちがお客さんに伝わって、地域の人がいつでも立ち寄りやすい店になっているのでしょう。おづつみ園は、社員にとっても、地域の人たちにとっても、昔ながらの日本の「お茶の間」のように、だれもがくつろげる場所になっているようです。

カフェで働くスタッフも笑顔で接客。

おづつみ園をささえるスタッフの人たち。年齢もさまざまで、大家族のような雰囲気がただよう。

売るのではなく「伝える」スーパーマーケット

福島屋

東京都羽村市

安売りはしない住宅街のスーパー

ＪＲの東京駅から青梅《おうめ》方面へ快速列車で1時間以上走った羽村《はむら》市の住宅街に、福島屋というスーパーマーケットがあります。営業時間の朝10時から夜9時まで、店内は地元のお客さんでにぎわっています。商品棚には独特のＰＯＰ広告が色鮮やかに飾られ、そこには商品の説明と値段だけでなく、生産者の顔とメッセージが示されています。思わず商品を手に取りたくなるような、説得力のあるメッセージです。

日本には、食品のスーパーマーケットが約2万店あります（２０１６年版日本スーパー名鑑より）。私たちの身近にあるこれらのスーパーでは、毎日のように安売り競争が繰り広げられています。毎朝の新聞広告を楽しみ

お店の外観。道路をはさんで、近くにレストランや生花店が並ぶ。

にして、その安さに魅せられて買い物に走る人も多いと聞きます。

ところが福島屋では、1円単位で割引する他店との安売り競争をしません。広告チラシも出しません。それなのに、福島屋が消費者から信頼される理由は、「安売り」ではなく、商品の質のよさにあります。お店に並ぶ商品の多くは、生産者の顔が見える「産地直送品」です。生産者と会話を重ねながら、安心・安全に徹底的にこだわった商品が店頭に並びます。

また、200ものプライベートブランド商品（小売店などが企画し、独自のブランド＝商標で販売する商品）が店内に並ぶのも、他店にない特徴です。福島屋に並ぶ商品は、手間をかけて素材を厳選しているため、大手スーパーと比べると割高になりますが、大手では手に入らない生産量限定の希少な商品を手に入れることができるのです。さらに、惣菜や甘味を店内で調理しているので、つくりたての饅頭《まんじゅう》などが1個から買えます。

豆知識

スーパーの選択理由

日本能率協会総合研究所が2013年におこなった「買い物場所の使い分け調査」（15～79歳の男女を対象）によると、利用するスーパーマーケットを選ぶ理由は「生鮮食品が充実」が59パーセントとトップを占め、次いで「ポイントカードがある」となっています。

ただし、2009年の調査から比較すると、この2つは減少傾向にあります。のびているのは、「惣菜や弁当が充実」「飲料が充実」「お菓子やデザートが充実」「焼きたてパンがある」などです。とくに60～70代のシニア世代では「生鮮食品が充実」「旬のものがある」「加工食品が充実」など、食材にこだわっている傾向が見られます。

●安全性とおいしさを追究

福島屋で扱っている豚肉は、岩手県のある契約農家で飼育されたものが使われています。安全でおいしい食肉を生産するために使われている水は、メーカーが福島屋と共に吟味し、研究した装置によって浄水された「おいしい水」です。農業だけでなく畜産でも、水は安全でおいしいものでなければならないと考えているからです。その水は、店内で調理される惣菜やパンにも使われています。

青果売り場では、自然栽培（農薬や化学肥料をいっさい使わない有機肥料を使った栽培方法）の野菜も季節を通じてたくさん見られます。店内を歩いていると、店員さんが楽しげに野菜の説明をしてくれます。どういうふうに調理をしたらいいのか、この野菜以外の選択肢は何か、お客さんの好みを理解して食卓をイメージさせてくれます。

手書きのPOP広告や写真入りのパネルで商品がわかりやすく紹介されている。

昔、近所の八百屋さんでは、日常的に交わされていた会話のようです。

さらにビックリするのは、はじめて会う買い物客のおばあさんが、ほかのお客さんに商品を笑顔ですすめたりすることです。「この商品は名物なのでいつも売り切れてしまうのに、まだ残っているからチャンスだよ」などといわれたら、声をかけてもらえたことがうれしくて、つい買ってしまいます。

お店で販売されている惣菜やパンの90パーセント以上は、スタッフが店内でつくったものです。商品陳列を決める会議では、パートやアルバイトのスタッフも加わり、全員で想像力を働かせます。それがチームワークを強めるとともに、個々の自主性を高めていくことにもなります。

●今も心に響くお客さんからの声援

福島屋が創業したのは１９７１（昭和46）年。現会長を務める福島徹《ふくしまとおる》さんの両親が、生活必需品全般を販売する「まちのよろず屋」として商売を始めました。８坪（約27平方メートル）の小さなプレハブからのスタートでした。

福島さんも大学生のときから店を手伝い、そのころにはお店も57坪（約１９０平方メートル）に広がっていました。卒業後に経営を任された福島さんは、売上げを伸ばし続け、自信をつけていました。しかし、野心をもって１９８８（昭和63）年に出した2号店の立川店は、深刻な大苦戦となりました。規模を１５０坪（約５００平方メートル）へ大幅に拡大したのが裏目に出て、ほとんど商品が売れなかったのです。

福島さんは、よい商品を理解してくれないお客さんに苛立ちを感じていました。仕入先に頭を下げて返品に応じてもらうこともありました。出資などで支援してもらった人たちに申し訳がなく、自殺を考えたこともありました。

そんなとき、何人かのお客さんから声がかかりました。

「最近痩せたんじゃないの?」

「よく働くわね。からだに気をつけて」

「昨日のお野菜おいしかったわ」

悩み続けていた福島さんでしたが、そうしたお客さんの笑顔が毎晩寝るたびに浮かび、感謝の声が聞こえるようになったのです。お客さんからの気遣いを察すると、涙があふれると同時に力が湧きました。福島さんは、お客さんの期待に応えることを誓ったのです。

このとき、福島さんは、お客さんの気持ちではなく売り手の都合を優先してお店の商品を選んでいたことに気づきます。これをきっかけに、売れる商品を並べるのではなく、お客さんに役立つ商品を並べる決意をしたのです。それから躍進が始まりました。

●東日本大震災で見せた風評被害への対応

福島屋は、売り上げのためにお客さんのニーズに合わせた商売をするわけではありません。そのいちばんわかりやすいケースが、東日本大震災での対応です。

2011（平成23）年3月の震災では、東京電力福島第一原子力発電所の事故の影響で、福島を中心とした東北地域の野菜や牛乳、魚などから放射性物質が検出されたニュースが報道されました。出荷が制限された食品はありましたが、安全な食品においても福島県産というだけで消費者が購買を控える事態となりました。多くのスーパーでは、東北産地の商品を撤去することで対応していました。しかし、福島屋は違っていました。むしろ福島県産だけの陳列棚を用意し、大々的にアピールして販売したのです。

よいものはよい、悪いものは悪い。風評も加味するべきことはわかっていました。しかし、よいものなのに、生産者の責任でないのに撤去をするのか？　苦しむほどの葛藤が福島さんのなかで駆け巡りました。放射能値に対する基準も上下していました。社会は大きく不安を抱きました。しかし、「福島屋で販売している商品は安心だから、福島屋だから」というお客さんの声を受けて福島屋が何をするのか？　何をしなくてはいけないのか？　何をしてはいけないのか？　福島屋にとって、その存在意義を鮮明にできるまたとない機会となりました。

生産者と密な連携を取っている福島屋では、国が安全を宣言するかどうかでなく、独自で放射能検査をおこない、自分の目で判断したうえで商品を用意しました。なかには不安に思うお客さんがいるかもしれないので、店内に放射能検知器を備え、お客さん自身の目で確認できるように対応しました。これにより、生産農家にとっては収入が守られ、消費者にとっては安全な食が守られました。さらには、東北を支援したいというお客さんの心をつなぐことに成功したのです。

●生産者と消費者とスーパーが手をつなぐ

福島屋は、お客さんの笑顔と声援に勇気づけられて、その恩に報いるために地域密着型のスーパーをつくっています。

福島屋の経営理念のひとつに「私たちは食の提案者」という言葉があります。お客さんの健康や豊かさをふまえた提案をし、日常にそったものを生産者に提供してもらうのです。生活者のニーズの第一は安い商品ではなく、価値ある商品であることをお客さんとの会話のなかで確信し、自然栽培の野菜をつくってほしいと生産者の人たちにお願いしています。

その一方で、生産者が大手スーパーから受け入れを拒否された規格外の野菜を受け入れ、新しく加工をすることで商品として販売します。生産者に卸値を安くしてもらう依頼は絶対にしません。むしろ生産者の利益になることを考えています。生産者が儲からないと、よい野菜を消費者に提供できないからです。

福島屋は、まさに食卓と農園を結びつけるコミュニティとして機能することになりました。2号店（立川店）の成功後、主婦に買い物を楽しんでもらおうと業種を広げ、レストランや生花店など12店舗を展開するまでになりました。レストランやケーキショップは、スーパーで売っている食材を実食し、お客さんに素材のよさを知ってもらう目的でオープンしました。生花店は、「食品だけでなく、食卓をいろどる花もいっしょに提供したい」という社員の提案から始まったものです。

福島屋の構想は、みんなが手を結び、輪となることで広がっています。

地域のお客さんとの交流

福島屋は食の提案者として、お客さんとの交流のなかから、さまざまな意見を取り入れて商品やサービスを提供しています。料理教室や、専門家を招いての講座、意見交換のお話会などを各店で毎月開催しています。料理教室の講師は、福島屋の社員や店で扱っている商品を生産している人たちです。素材の特長を活かしたさまざまな調理法を紹介することで、バラエティに富んだ食事を家庭で楽しんでもらうのです。

福島屋を利用している主婦20人で構成された「Mrs Pro'z Smiles」というプロジェクトは、主婦の視点から安全で安心できるおいしい商品を提案したり、見やすくて買いやすい商品陳列をアドバイスしたりする役割を担っています。もっともスーパーマーケットを利用する頻度の高い主婦の感覚を生かし、彼女たちの意見や提案を参考に商品や売場を改善しているのです。

また、地域の雇用促進の一端を為すために、パートやアルバイトの募集をおこなったり、地域の人たち同士の交流の場をつくることを意識して、イベントを開催したりしています。

新しいスター商品を育てる

これまでの農業は、品種改良を重ねてつくりやすいもの、病気に強いもの、収穫量の多いものが生産されてきました。しかし、消費者であるお客さんが求めているものは、新鮮で安全でおいしい旬の農産物だと福島屋は考えています。

福島屋には、「津々浦々《つつうらうら》物語」というコーナーがあります。福島屋自身が品質最重視で全国を駆けまわって探しもとめた特産品です。まだブランドがついていないので売れにくい商品ですが、福島屋で責任をもって販売し、お客さんに判断してもらい、高い評価を得たならば、より大きな市場に売り込むという企画です。ともすれば生産者が苦手な経営の側面を、福島屋がサポートしています。

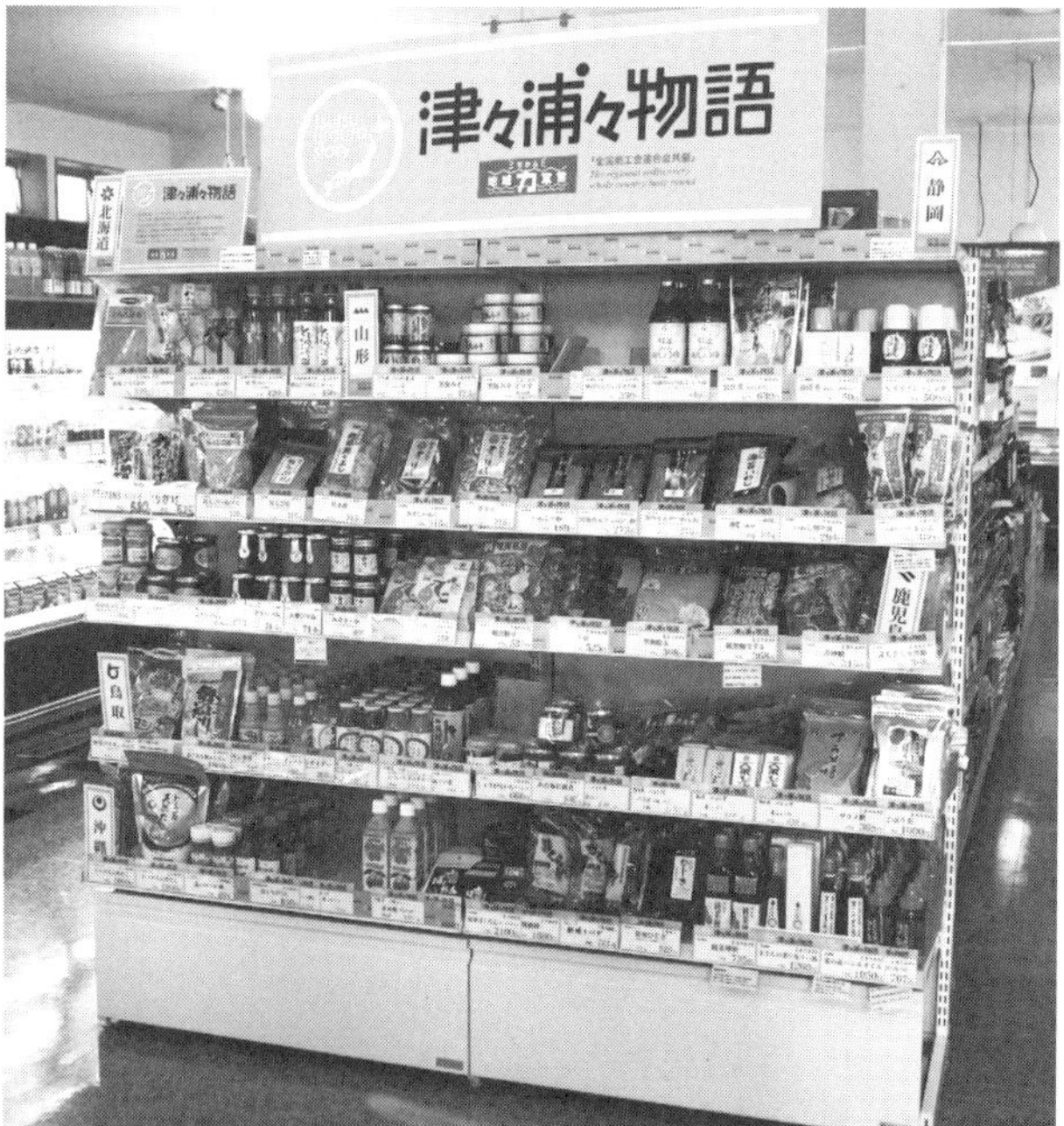

日本全国を歩いて発掘した商品が並ぶ。生産者は製品の完成度に専念でき、消費者はご当地商品の購入が可能になる。

●店頭は生産物語を披露する舞台

生産物には生産者の思いが込められています。商品には販売者の物語があります。

たとえば、ある農家では、おいしいのに見栄えが悪くて売れない大根を処分していました。福島屋は、その現場を見ながら、生産者の思いが込められた大根を生かす方法として、大根を加工して切り干し大根という惣菜に変えるアイデアを思いつきました。自ら行動をおこし、量産化へ向けて費用を工面し、設備の整備に尽力しました。現在では、この切り干し大根が福島屋の売れ筋商品となっています。消費者の支持が裏付けとなり、生産者にとっては費用を払って処分していた大根が、逆に利益を生む、喜ばれる商品に変わったのです。

「きあげ」「切干大根」などプライベートブランド（PB）商品はリピーターの利用が高い。惣菜の80%、ベーカリーの90%がPB商品だ。

また、「きあげ」という商品名の幻の醤油があります。これは、福島会長が福島県伊達《だて》郡にある安齋醸造《あんざいじょうぞう》を訪問した際に偶然見つけた非売品です。「きあげ」というのは殺菌工程の火入れをする前段階にあり、酵母が生きている発酵途中の醤油です。賞味期限が短いため商品として出荷せず、農家が自宅で使っていたものです。味見をすると、粗削りながら深い味わいに大きな特徴があり、まさに福島屋で探していた一品でした。

ところが商品化にあたり、安齋醸造の安齋社長は、未完成品であることを理由に販売を断りました。醤油は、火入れをおこなって、発酵による味の劣化を避けるのが常識だからです。消費者にとっては賞味期限の長い商品のほうが便利なので、買われやすいはずです。

しかし、福島屋はこう考えます。たとえ賞味期限が短くても、おいしいものを食卓に並べたいはず。そのためには、期間が短い旬のうちに食する努力をお客さん自身にしてもらえばいい、と。つくり手と売り手の熱意がぶつかり合い、4つの約束を守ることを条件に商品化となりました。①低温での流通、②消費者への説明、③予約受付から商品発送まで2～4週間、④期限内の使い切り。この商品こそ、生産者と消費者が相互に物語を理解しないと成り立たないものです。

●日本の食文化が蘇る　F《エフ》-D《デ》E S《ザ》I《イ》G N《ン》プロジェクト

2011（平成23）年、福島さんは60歳になったのを機に、社長職をご子息の由一《よしかず》さんに譲り、会長となりました。そして、新たに始めたのが「F-DESIGNプロジェクト」です。家庭の食卓においしさを整えるためのプロジェクトです。農家、加工業者、料理人、研究者、プロデューサー、デザイナーなど多彩な知恵者が集まり、行動を始めています。

このプロジェクトの目的は、おいしい商品を買ってもらうことではありません。商品は試食品のようなもので、その商品を真似て、家庭でつくってほしいというのが狙いです。一般的な安さや便利さの提供ではなく、家庭と一緒になって、本来の日本の食卓を取り戻したいのです。

食には旬があります。季節に応じておいしい食事は変わります。自然との調和のなかで、家庭の団らんを楽しみ健康を促進することができます。おいしさをお店にたよるのではなく、自分でつくる。衛生管理を守った、素手で握らないおにぎりよりも、家庭で素手で握られたおにぎりのほうがおいしい、と考える。家庭の愛情というエネルギーがあふれる食を整えるのが、Ｆ－ＤＥＳＩＧＮです。

生産者と語らう福島徹会長。日本の農業を再生させるためには、生産者と消費者の連携が不可欠と強調する。

福島屋は、起業時は便利さを提供するための雑貨屋でした。しかし、今では食卓という場に自然の調和を演出するプロデュースをおこなっています。会長職となった福島さんは、これまでにも増して全国を駆け巡り、気力に満ちた笑顔で同志を引き寄せています。

マンモスだけれど、アットホームであたたかい

柿の実幼稚園

神奈川県川崎市

●広大な敷地

神奈川県川崎《かわさき》市麻生《あさお》区にある柿の実幼稚園は、園児が1200人という巨大な幼稚園です。敷地は1万坪、まるまる山ひとつが学び舎です。

川崎市麻生区は多摩丘陵の一角に位置していて、隣接する東京都町田《まちだ》市、横浜《よこはま》市青葉《あおば》区とともに1950〜60年代に東京、横浜のベッドタウンとして開発されました。柿の実幼稚園は小田急線柿生《かきお》駅から車で7〜8分ほどの緑豊かな住宅地にあります。この辺りは柿が有名で、鎌倉時代に王禅寺《おうぜんじ》で発見された「禅寺丸柿《ぜんじまるがき》」が、江戸時代に大変人気を集めたことから「柿生」の地名になったといいます。開発で緑が減ったとはいえ、現在も夏の夜には虫の音やカエルの鳴き声が響く自然豊かな地域です。

開発にともなって人口が増え、子どもの数も増えてきたため、地域の要望を受けて1962（昭和37）年に柿の実幼稚園が開設されました。江戸時代の領主を先祖にもつ初代園長のもと、広大な土地の一部が幼稚園にあてられました。一部といってもまるまるひと山、自然に恵まれた環境です。幼稚園の周囲の土地も活用され、近隣に建てられた集合住宅は幼稚園の先生たちが住む住宅と

して、周辺に整備されている駐車場は車で通勤してくるたくさんの先生たちに利用されています。

朝の握手

朝8時、幼稚園正門の前に立つ一人の男性がいます。園長の小島澄人《こじますみと》さんです。登園してくる園児たち一人ひとりと目を合わせ、しっかりと握手してお出迎えしているのです。

「おはようございます」と笑顔で駆け寄り、手を差し出すのは園児のほうです。園長は一人ひとりの顔がよく見えるよう、ゆっくり腰をかがめて「おはよう」と握手を返します。この光景は、ほとんどの園児が登園を終える10時までの2時間、雨の日も風の日も続きます。この日課のおかげで1200人の園児すべての顔も名前も覚えてしまうと園長はいいます。

子どもたちと毎朝握手をしていると、手の握り方が今日は弱いな、元気がないのは家で喧嘩でもしてきたかな、ちょっと熱っぽいのではないか、と園長にはい

山の上の園舎。自然いっぱいの環境のなかに幼稚園がある。

ろいろなことがわかるそうです。少しでも気づいたことがあれば、その子のクラスの担任の先生のところに行き、情報を伝えます。「気づいたことはすぐに伝え合う」という柿の実幼稚園の習慣は、これが原点かもしれません。

握手の効果は、子どもたちに対してだけのものではありません。12年前、小島園長が脳梗塞《のうこうそく》で倒れてしまったことがありました。退院してすぐに再開したのがこのお迎えでした。リハビリの病院に通うより園児のお迎えがしたいと、園長はひたすら握手を続けました。毎日2時間立っているだけでも大変なことでしたが、周囲の励ましと1200の小さな手のぬくもりが良い刺激になったのか、からだの痺れもいつの間にか消えていました。

「握手の日課が途絶えたのは、あとにも先にも入院中だけでした。子どもたちとの握手が私のリハビリになりました」と園長は笑顔で語ります。

柿の実幼稚園の小島澄人園長と副園長（奥様）。

すべての人が楽しめる空間を

幼稚園の門から園庭と園舎の横を抜けると、裏山への道が始まります。緑のトンネル、水車のある池、さつまいも畑、そして山の斜面を利用した長い滑り台などの手づくり遊具が並びます。山道を登っていくと、大人でもワクワクします。

園舎や遊具が点在する園内は、まるでフィールドアスレチックのようです。途中で園児とすれ違うと、元気よく挨拶をします。先生とじっくり地面を見つめる子の姿もあります。山のてっぺんは開けていて、そこには別の園舎があり、にぎやかな声が響いています。

お昼どきには庭先に保護者が集まり、「共食の会」の準備が始まります。園の畑で収穫した野菜や保護者がもち寄ったものを、みんなで一緒に食べるのです。屋外に構えられているピザ釜は、卒園記念に子どもたちが土からこねてつくりあげた

「共食の会」の準備にあたる保護者たち。奥にあるのはピザ釜。

本格的なもので、この釜で焼くピザは格別な味がします。
保護者のサークル活動も活発です。バレーボール、手芸、園内のハンディキャップを抱える子どもと保護者をサポートする会など、たくさんのサークルを通じて、子どもたちに負けないくらい幼稚園を楽しんでいます。要支援児のお母さんも、子どもが幼稚園で楽しんでいるあいだは、バレーボールで汗をかいてストレスを発散させることができます。ハンデを抱える子のお母さんも一人にさせず、地域とつながり、一緒につらさを分かち合います。それぞれの保護者が、地域の一員として楽しみささえあいながら、みんなで子どもたちを育てているのです。「すべての人が楽しめる空間をつくりたい」という園長の思いがひしひしと伝わってきます。

卒業記念のピザ釜。

子どもたちは、園長が園内を歩いているのを見つけると「あ、園長先生だ」と跳ねるようにその周りを取り囲んでしまいます。アイドル並みの大変な人気です。子どもたちにぐるりと囲まれ、「握手して」とせがまれると、園長はゆっくり一人ひとりの握手に応えます。「求めれば応えてくれる」、そんなところが子どもたちの心をとらえるのでしょう。自分が楽しんでみんなも楽しむ、それが先生に伝わり、園児に伝わり、保護者に伝わる。すべての人が楽しめる空間はそんなふうにつくられていくのかもしれません。園内はどこも明るい挨拶と笑顔であふれています。

地域の人たちにも親しみ楽しんでもらいたいと、平日の保育時間後と土日曜・祝日には園庭を開放しています。園の施設や道具を提供することもしばしばです。２０１５（平成27）年には川崎市の市民プロジェクトの演劇公演が柿の実ホールでおこなわれ、たくさんの人が訪れました。上演されたのは「障害者や保護者への理解を深めてほしい」と、麻生区区民の人が作成した、中学生と自閉症児の交流を描いた作品です。演劇を通じて、近所の人や保護者に「優しさの種」をまくお手伝いができたと、園長の喜びもひとしおです。

小島園長は、じつは若いころ、神父という聖職者をめざして勉強をしていました。子どものころに読んだ本に刺激を受けて、外国へ渡って病気の人々を助けたりしながら信仰を広めていきたいという夢がありました。なんでも始めると、歯止めがきかずにがんばって

園内のいたるところにモザイクアートが見られる。園長自らがコテをもち、コツコツ創作した。よく見ると一つひとつはペットボトルのキャップや王冠だ。

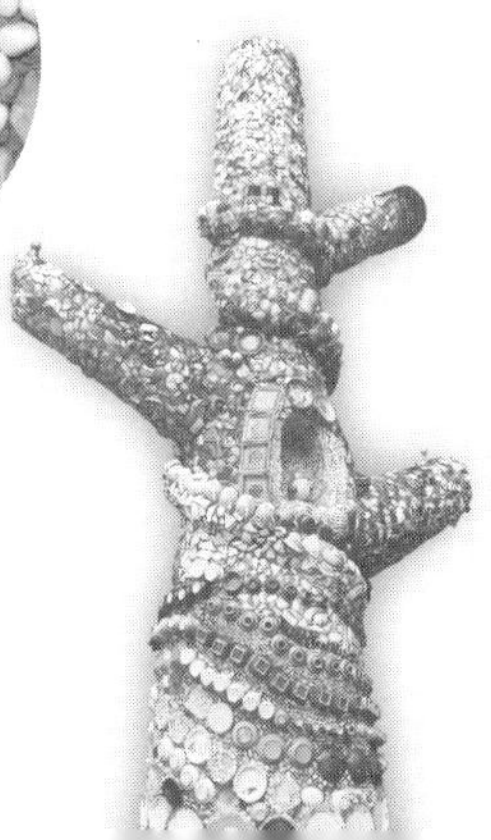

しまう性格もあり、夢に向かって着実に歩んでいきました。

一生懸命学び、カトリックの私立一貫校で教鞭をとりながら研鑽の日々を過ごしていたのですが、その学校でとてつもない選択を迫られることになります。一生を共にしたいと思うほど大切にしたい女性とめぐりあったのです。プロテスタントの牧師には婚姻が認められていますが、カトリックには厳しい規律があり、神父に婚姻は許されていません。結婚か、聖職か。迷いに迷った末に、若き日の小島園長は大切な人との結婚を選び、その人の姓を名乗ることを決めたのです。そのとき義父がこの柿の実幼稚園に携わっていることを知りました。結婚した後《のち》の人生を「幼児教育を通じて世の中のために身を捧げていこう」と決心し、副園長として就任することになりました。

●日本一のマンモス幼稚園!?

副園長となって幼稚園に勤めはじめた小島園長は、そこで、幼稚園の入園受け入れお断りを体験します。

柿の実幼稚園は、今でこそ「日本一のマンモス幼稚園」と表されることもあるほどですが、はじめからこんなに大きな規模だったわけではありません。開設当時は園児200人ほどの、よくある普通の規模の幼稚園でした。とても希望者が多かったので、たくさんの子どもたちの入園を断っていました。入園のお断りは、当時どこでもごく普通におこなわれていたことでしたが、断られた子どもの保護者からしてみれば、それはかんたんには忘れられないつらいことです。怒りをあらわにする家庭もたくさんありました。

お断りをして子どもや保護者につらい思いをさせたことを、副園長として目の当たりにしていた経験と、子どもたちに優劣をつけて選択することは幼児教育にはふさわしくないという強い疑問から、それまでの受け入れのやり方を変えていかねばと思うようになりました。そこで選抜するのをやめ、障がいを抱えた子どもたちや外国人の子どもたちも断らずに受け入れるようにしたのです。

ふれあいの場として、時間を決めて開放されている園庭。

幸い、敷地に恵まれていたので、よほどのことがない限りは希望者全員を受け入れられるようになりました。「よほどのこと」とは、入園希望人数が何十人も予想を上回ってしまったために体制が整わない、というようなことです。そんなとき、仕方なくお断りするのは、どんなところでもうまくやっていけるような、ほかに行先がきっといくらでもあるというような子どもです。ほかの施設で断られる不安を抱えた子どもたちを積極的に受け入れたいと考えたのです。

園長は「ハンディキャップを抱えた子どもや、外国人の子どもは優先的に受け入れることにしています」

と話します。「地域からはぐれる可能性のある家庭と子どもたちを孤立させてはならない」という信念に基づいて、これまでハンディキャップを抱えた子どもや外国人の子どもを断ったことは一度たりともありません。不安を抱える子どもとの最初の面談では、最低30分から1時間、じっくり時間をかけて保護者から話を聞き、どんな支援や調整が必要かを考えていくといいます。

ある年、子どもに重い障がいがあるために30か所もの施設から断られたお母さんが相談に来ました。その話に耳を傾けてもらっただけで、そのお母さんは安堵から泣き崩れたといいます。悲しいことに、こうしたエピソードはとても多いといいます。その親子は、子どもが柿の実に入園が決まると、すぐに遠方から一家で園の近くへ引越しをしてきたそうです。親子で楽しい幼稚園時代を過ごしたあと、たくさんの友だちと一緒に笑顔で卒園していきました。

園長をはじめとする関係者のあたたかい思いがマンモス幼稚園でありながらもきめ細やかな教育を実現し、柿の実幼稚園の園児はついに1000人を超えました。さらに年々入園希望者は増え続け、1200人を超えてしまい、ある年には80人もの希望者を断らなければならないことがありました。さらに50人以上の待機児童がいるとわかったその年に、「もうひとつ幼稚園をつくろう」ということになりました。それが姉妹園「夢の森幼稚園」です。

柿の実幼稚園では、1200人の園児のうちの200人が要支援児で、それに対して先生が200人です。週に2〜3日だけ通う特別なケアの必要な子どもたちのために来る先生もいます。単純に計算するわけにはいきませんが、ほかの幼稚園では一人の先生に対して園児が約35人ですから、先生の割合の高いことがわかります。「たん吸引」が必要な子どもたちのためには看護師もいます。200人の先生の多くは、子どもを柿の実幼稚園に通わせて仕事をしています。柿の実幼稚園の地域への貢献度は図り知れません。

柿の実幼稚園から車で5分ほど離れた山にある「夢の森幼稚園」。園長と保護者で山を開拓してつくりあげた。「母親森の学校」という行事では、夏の夜、母親たちが集い、園舎に泊まり、先生と一緒に思う存分語り合う。母親たちは、抱えている悩みを分かち合い、一皮むけていくという。

●「みんなちがって　みんないい」

地域の人々は「柿の実ほど度量の広い幼稚園はない」といいます。重い障がいをもつ子どももたくさん受け入れてきた実績と信頼があるからです。現在、柿の実幼稚園には、障がいと認めるかどうかの境界にある園児まで含めると、要支援児はおよそ３００人になります。要支援児が１００人を超え、急に増えはじめたのは12、３年前からだといいます。それまでは障がいを抱えた子どもを幼稚園に通わせようなどということは思いつきさえしなかったのではないか、と園長は振り返ります。

自閉症の子や車いすを利用する子、たん吸引が必要な子、横たわったままで移動する必要のある子など、実にいろいろな子がいますが、統合保育でみんな一緒に過ごしています。クラスは担任の先生と複数名の先生で担当され、一クラスには3～5人の要支援児がいます。クラスあたりの割合が決められているわけではなく、支援の度合いによって調整されます。先生によっては自分の

豆知識　統合保育

統合保育は、障がいがある子もない子も同じ園のなかで保育を受けることです。その意義には、障がいを抱える子どもにとっては、集団のなかで豊富に刺激を受けられることや、行動の模倣から発達がうながされること。障がいをもたない子どもにとっては、いたわりや思いやりの心が育つことや、自分と違った友だちの存在を知ることなどがあげられます。

１９７４年に制度化された当初は、障がいのある子どもの発達を促進する面の意義が強調されましたが、今では障がいをもたない子どもにとっても計り知れない意義をもつことがわかっています。現状ではまだまだ課題も多く、試行錯誤が続いています。

クラスに要支援児がいないと「園長からの信頼を得られていないのでは」と、逆に不安になってしまうそうです。

いろいろな子どもたちがいることが柿の実幼稚園では当たり前です。地域の人もそれを知っていますから、健常児の保護者もそういう幼稚園だと知ったうえで入園してきます。そのため、とても理解が得られやすく、大きなささえとなっています。いろいろな子どもたちが一緒に過ごしていると、何も説明しなくてもハンデを抱える園児の手をだれかがつないでいます。子どもたちはいつの間にか、友だちがもつハンディキャップを自然に理解するのだそうです。柿の実幼稚園の保護者の会の今年のテーマは「インクルージョン」です。インクルージョンとは、「包括」「一体化する」という意味で、外国で育った子も、障がいをもつ子もそうでない子も、そしてその保護者もすべての人たちでこの空間を楽しめる環境を、という願いが込められています。これだけたくさんの要支援児を受け入れられるのも、その子たちをじっくり見

壁画 タイトル「みんなちがって　みんないい」。

守る先生をたくさん配置できるのも、園児の全体の数が多いからこそと園長は分析します。

ある年、全盲の子どもが3人も入園したことがありました。その子たちは、園バスのバス停までは保護者に付き添われてきましたが、バスに乗ったあとは、ほかの子と同じように通園できるようになったそうです。手助けするばかりではなく、子どもたちがいっしょに過ごすうちに身につけるたくましさと適応力には、つくづく驚かされます。職員室の入口の上にはこんな言葉が刻まれています。

「みんなちがって　みんないい」

この言葉を柿の実の先生たちはとても大切にしているのです。

押した、押さない

近年、日本でも障がいを抱える子どもと抱えていない子どもが一緒に生活する統合保育が増えてきました。柿の実では統合保育の歴史は長く、地域からも信頼されていますが、いつも順風満帆でいられたわけではありません。

障がいを抱える子どもたちも、友だちと一緒に遊ぶのが大好きです。障がいを抱えていない子どもたちと同じように、遊びのなかで友だち同士がぶつかり合ったり、食い違ったり、それを乗り越えて成長します。「押した、押さない」のトラブルになることもあります。そんなとき、障がい児は危険だとして避けられたり、受け入れ自体を拒否されたりしてしまいます。柿の実幼稚園でも、怪我をするできごともありました。園児にとっていちばん安心できる園のなかで、子どもたちが小さな心と体を痛めてしまったのだと思うと、園長をはじめ先生たちは苦しくてたまらなくなるといいます。「受け入れをあきらめるほうがいいのだろうか」、そんな考えが園長の頭をよぎることが何度もありました。それでも行き着く答えは「やっぱり受け入れを続けよう」というものでした。園の方針に理解を示してくれる保護者や地域の人たち、受け入れ続けなければという使命感に共感してくれる職員のことを思い浮かべると感謝の気持ちでいっぱいになり、園長の目からは涙があふれて止まらなくなります。

裏山の山頂にある園舎のなかにも遊び場がいっぱい。

子どもたちの「押した、押さない」というのは現象的な見方で、本人たちにはおたがいにそれぞれの理由があっての行動だったはずです。その理由や意味をくみとり、怪我などを未然に防ぐことが幼稚園の責任。責任を果たすためにできることは、先生のあいだでたくさんの情報を共有し、子どもたちの特性を理解して目をかけることです。市の研究会に参加したり、先生同士の勉強会を開催したり、柿の実幼稚園では、子どもたちが安心して楽しく過ごせる環境づくりのため日々研鑽を続けています。

弱き人にトコトン優しく

マエカワケアサービス

神奈川県横須賀市

●その人らしくイキイキと

神奈川県横須賀《よこすか》市に本社をおき、リハビリに特化したデイサービス（屋号：リハビリデイセンター悠）を中心に訪問介護事業や整体学校などを運営している会社がマエカワケアサービスです。

社長を務める前川有一朗《まえかわゆういちろう》さんは国立リハビリテーション学院を卒業し、理学療法士として10年間勤務したのち、同学院を卒業した奥さんとふたりで、２００１（平成13）年に治療院を開設。翌２００２年からは、自身の専門を活かせるリハビリ専門のデイサービス施設の運営に取り組みはじめ、当時、全国的にも少なかった短時間制（３〜４時間）を導入しました。２０１６（平成28）年現在、神奈川県内で１３０人のスタッフとともに16の介護事業所を展開しています。

事業を始めたころは、施設を利用する高齢者のなかには、さまざまな事情から、ただ「お迎え」を待っているような人も少なくなかったと、前川社長は振り返ります。マエカワケアサービスでは、こうした高齢者のために、「その人らしくイキイキと生活していくことをお手伝いさせていただけないか」「その人の暮らしを豊かにできないか」を企業理念として掲げながら、デイサービスでの毎日の触れ合いを大切にしてきたといいます。

障がいのある人たちとともに

マエカワケアサービスの活動は、高齢者の支援だけではありません。障がい者雇用にも積極的に取り組んでいます。前川社長の奥さんである智恵さんを中心に、障がい者雇用の先進企業の視察や研究、地域の障がい者関連機関との連携、社員への啓蒙活動、バリアフリー施設の拡充などを推し進め、障がいのある人をスタッフとして受け入れる体制を整え続けています。それらの施策のおかげで、働く現場では、障がいのある人をありのままに受け入れる職場風土がつくられています。

エピソードをひとつ紹介しましょう。

養護学校の高校2年生、A子さんが職業実習体験に来たときのことです。知的障がいのあるA子さんは、人見知りで声も小さく、自分から人に話しかけることが苦手な、とてもおとなしい子でした。自分でも「人見知りをなくして、大きな声で挨拶ができるようにな

豆知識

リハビリ特化型デイサービス

リハビリ特化型デイサービスは、介護保険制度でいえば通所介護（デイサービス）施設に分類される介護施設です。要支援1から要介護5と認定された人が、介護保険を使って運動機能の回復をめざしてリハビリ専門の機器とプログラムを利用してリハビリ運動をおこないます。

リハビリ特化型デイサービスは、これまでのデイサービスのように食事や入浴サービスを提供せずに、リハビリサービスのみということが多くなっています。利用時間も、午前中もしくは午後というように、短時間となっています。リハビリに特化しているので、理学療法士などの専門スタッフが常駐していたり、整骨院や鍼灸院による運営などが多いのも特徴です。

りたい」といっていましたが、ケアサービスの利用者の前に立つと緊張して言葉が出なくなってしまい、なかなか思うように話せない日が続いていました。

マエカワケアサービスでは、スタッフと利用者全員で、毎朝おこなっている朝礼があり、かけ声をかけるリード役という役目があります。実習の最終日にあたって、スタッフが相談し、そのリード役をA子さんに任せてみることになりました。いざ当日、A子さんはやや緊張気味でしたが、「みなさん今日もがんばりましょう！」と大きく元気な声で、みごとにかけ声をかけることができたのです。

このように、マエカワケアサービスでは職業体験をする場が少ない養護学校の生徒たちに仕事の楽しさや厳しさを学んでもらえる機会を積極的につくっています。スタッフが、生徒たちとともに働き、サポートすることで、社内は自然に優しい空気で満たされていきます。

豆知識

障害者雇用率制度

従業員を50人以上雇用している企業は、身体障がい者または知的障がい者を一人以上雇用しなければなりません。民間企業の法定雇用率は2・0パーセント。従業員1000人の会社では、20人分の障害者を雇用する必要があり、未達成の企業は未達成一人あたり月5万円の障害者雇用納付金を支払わなければなりません（障害者雇用納付金に関しては100人以上の企業が対象）。

法定雇用率達成企業の割合は2015（平成27）年実績で47・2パーセントです。なお、2018（平成30）年からは、障害者雇用率の算定基礎に精神障がい者が追加されます。そのため、法定雇用率が引き上がるのではないかといわれています。

ちなみに、こうした障がい者支援の結果、マエカワケアサービスでの障がい者の雇用率は15・56パーセント（2016年3月現在）と、神奈川県の事業会社のなかで最高値を示しています。

●イベントを楽しむ

「出かけるのが好きなのだけれど、からだが不自由で一人では外出できない。たまには、どこかへ行きたい」

「若かったころのように、あちこち見て回りたい。だれか一緒に行ってくれる人がほしい」

マエカワケアサービスで催されるイベントは、施設を利用する人たちのこのような声から生まれました。外へ出る機会が少なくなっていく高齢者や障がいのある人の生

三浦半島にある市営公園でおこなわれたバーベキュー大会。利用者、家族、スタッフをあわせて、芝生広場に100人を超える人が集まった。

８月恒例のイベントとなっている横須賀で開かれる納涼花火大会（左右とも）。

活を少しでも豊かにしたい。前川社長やスタッフのそんな思いから始まったのです。

今やすっかり定番となった春のお花見をはじめ、夏には横須賀一の花火大会を桟敷席で特別観覧、秋の紅葉狩り、青空の下でのバーベキュー、冬はちょっとリッチな気分になって懇親パーティーなど、各種イベントが用意されています。毎回多くの高齢者が参加してにぎわっているようすを見ると、みんながどれほど心待ちにしているのかよくわかります。

このようなイベントごとに、スタッフは連日の打ち合わせと事前の準備、当日の役割分担などに力を合わせ、スムーズな進行を陰でささえています。

花火大会に参加した人の声を紹介します。

「花火大会なんて何十年ぶりだろう。もう二度と見られないと思っていました」

「行き帰りの自動車の混雑に大変気をつかっていただきました。目的地に着くと、足が動かない私を気遣って席まで案内してくださり、スタッフの方々が顔を出してようすを見にきてくれました。おかげで素晴らしい花火大会を見ることが出来ました。みなさまのやさしさ、親切に大変感謝しております」

「真近で見る雄大な花火と音、頭上に輝く大きな万華鏡のように次々と降り注ぐ光の美しさを堪能しました。ドアトゥードアの送迎がなくては味わえない貴重な体験でした。楽しかったです」

●子ども参観日

子どもたちはふだん、お父さんやお母さんががんばって働いている姿を見る機会はあまりありません。そこでマエカワケアサービスでは、働いている人の子どもたち向けに、デイサービスの仕事を体験する「子ども参観日」を定期的に実施し、親子にとって絆を深める機会をつくっています。

参観日に参加した子どもたちは、デイサービスの働き手として、リハビリなどの運動のかけ声を出すなど、スタッフの手伝いをします。はじめは緊張している子どもたちですが、雰囲気になじんでくると、自分たちから、おじいさん、おばあさんたちに話しかけ、血圧測定や体力測定の手伝い、お昼の食事の準備や後片づけなどにイキイキと意欲的に取り組みます。働いたあと、子どもたちは、子ども参観日認定証と、特別給与（お菓子など）がもらえます。

「おじいさん、おばあさんたちに可愛がってもらって嬉しかったです」

「仕事をしているお母さんは、家でのお母さんとまったく違って、かっこいいと思いました」などと話す子どもたち。子ども参観日は、利用者もスタッフも、心があたたまり、明るく元気になる一日です。

●「夢の発表会」で夢を実現

2014（平成26）年から始まったイベントに「夢の発表会」があります。これは、毎回8～10名の65歳以上の発表者が、一人10分程度で自分の夢を発表し、聴衆がもっとも感動した夢、応援したいと思う夢に投票します。最優秀賞を受賞した夢は、マエカワケアサービスが全面的にバックアップしてその夢を実現させるというイベントです。

スタッフとその子ども（中央の二人）を囲んで、利用者の人たちも思わず笑顔に。

第1回受賞者の森《もり》美《み》知《ち》子《こ》さんは、半身不随でふだんは車いすの生活をしています。東日本大震災から3年間、被災地の子どもたちの力になりたいと、福島県いわき市にある小学校へ、手紙や手づくりのマフラーなどを贈り、交流を続けてきました。森さんは、「被災地いわきの子どもたちに逢いたい」との夢を発表し、その夢を叶えることができました。

夢が実現する当日は、車いすのまま乗れる特別の自動車をスタッフが用意して福島までのドライブです。到着した小学校では、全校生徒総出で、森さんを歓待してくれました。一生懸命に劇や歌を発表する生徒たちを見ている森さんの目からは、大粒の涙が流れ出しました。

「まさか、本当に夢が叶うとは思ってもいませんでした。子どもたちが天使に見えました。感動しました。泣き虫なので、当日は子どもた

「夢の発表会」での記念撮影。前列にならんでいるのが夢の発表者たち。後列にいる背広姿の男性がマエカワケアサービスの社長を務める前川有一朗さん。

ちの前で泣かないでおこうと思ったけど、やっぱり泣いちゃったね。本当にありがとう。本当に感謝しています」

と森さんは語っています。

第2回優勝者の須藤新一《すどうしんいち》さんの夢は、「生涯現役、一生死ぬまで絵を書き続けたい」です。須藤さんが実現した夢は、奄美大島《あまみおおしま》にある田中一村《たなかいっそん》の記念美術館へ行き、田中一村が描いた本物の絵を見る「奄美大島への旅」となりました。

付き添いは前川社長。一泊二日の男二人旅です。須藤さんは語ります。

「奄美大島へ着いてから、田中一村が最期に暮らしていたという家を見に行き、その後、記念美術館へ行きました。そこには、線一本一本に全神経が注ぎ込まれているかのような、繊細な絵がありました。ただただ、感動でした。もう人生で想い残したことはないと……。一泊二日が、二泊三日、いやそれ以上の体験で、思う存分田中一村を堪能した旅になりました。帰りには、前川社長からおみやげをいただきました。美術館で見た田中一村の絵『クワズ芋と蘇鉄』の縮小版です。前川社長には頭がさがります。田中一村のことを何も知らなかった私。友だちの家で出逢い、奄美大島での再会でした。『まだまだ人生捨てたもんじゃない』と思いました」

●地域の弱き人に優しく

日本では今後、いっそう高齢化が進む一方で、介護にともなう財源不足が心配されています。前川社長は、会社の存在意義として掲げている「我々の会社は高齢者・障がい者の方たちがその人らしくイキイキと生きることを支援し、明るい地域社会を創造するためにある」を実現し続けるため、これからもあらゆる分野で、地域の弱き人に優しく、役に立つ仕事をしていきたいと考えています。

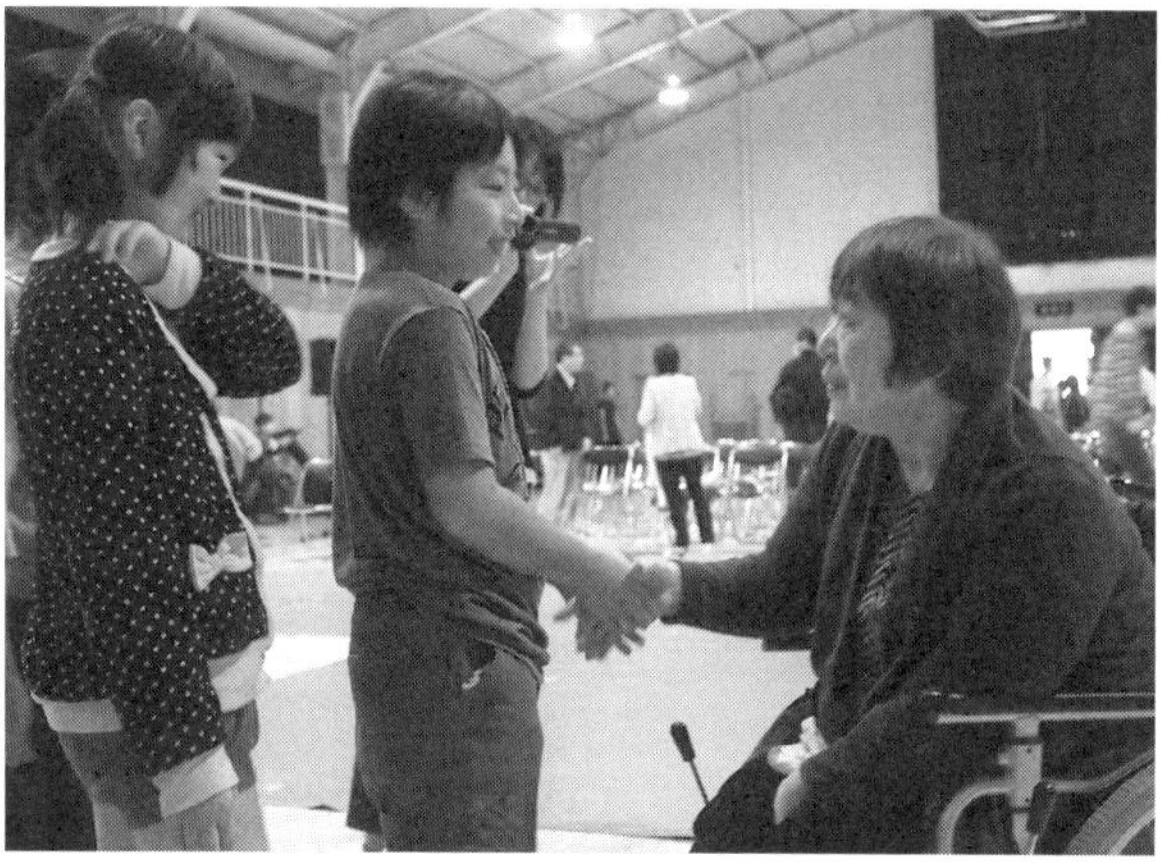

「夢の発表会」の夢が叶った受賞者たち。第１回目は福島県いわき市の小学校へ（上）。第２回目は奄美大島へ（下）。

夢のお菓子で未来を育む

菓匠《かしょう》Shimizu

長野県伊那市

お菓子は、人を幸せにする

長野県伊那《いな》市に、地元では「伊那谷《いなだに》」とよばれている山間の町があります。そのなかほどにある菓子店が、菓匠Shimizuです。門をくぐると、緑と花いっぱいの庭園が広がり、フランスの民家を思わせるようなデザインの建物がお客さんを迎えます。

フランス菓子から和菓子までを取り扱い、お祝い事や記念日に贈る特別なお菓子から、普段のおやつまで、幅広い品ぞろえで老若男女を問わず親しまれています。お客さんが楽しみにしている新商品は、月に3種類ほど。つねに新鮮な驚きがあるよう、社員の意見を取り入れながら工夫を重ねています。季節メニューも豊富で、夏場にはかき氷、しぼりたてミルクやフレッシュフルーツのジェラートなどが用意されます。社長を務めるのは、シェフパティシエの清水慎一《しみずしんいち》さんです。この老舗菓子店の3代目として、両親から受け継いだお菓子への思いと味を大切にしながら、地域に愛される店づくりを一歩一歩進めてきました。

創業から70年近い歴史をもち、今もなお地元の人に愛され続けている理由は、「社員全員がお菓子には人を幸せにする魔法があると信じて、『まごころの味』にとことんこだわっているから」だと清水社長はいいます。お菓子を通して伝えたいのは、「人と人のつながり」です。お菓子を囲めばそこに笑顔が生まれ、会話が始まります。家族だんらんのひとときや、地域のつながりに役に立てる会社になれたらと、清水社長は考えているのです。

農家の思いを届ける仕事

長野県はフルーツ王国とよばれるほど、果物の種類が豊富で生産量も多い地域です。菓匠Shimizuでは、リンゴ、イチゴ、洋梨、ブルーベリーなどたくさんの果物や、卵などの素材を、地元産の上質なものから厳選しています。できるだけ地元の農家の人たちがつくった素材を使って、地域に役立ちたいと考えているのです。

たとえば、ショートケーキといえば、イチゴがつきものです。イチゴの旬は春なので、真夏においしいイチゴを手に入れるのは大変です。ところが、地元の農家「たかずやファーム」では、夏でも収穫でき、鮮やかな色とバランス

菓匠Shimizuの店舗は、四季の花ばなや草木が茂るガーデンのなかにある。

のいい酸味が特徴の「すずあかね」を栽培しているので、いつでも採れたてを届けてもらえます。

リンゴは、お店の副店長を務める松尾菜苗《まつおななえ》さんの実家の農園から仕入れています。減農薬・有機肥料栽培で、味とともに安心安全にこだわって育てているからです。どの品種がどんなお菓子に合うかなどを、生産者である父親からアドバイスしてもらうことも度々あるといいます。収穫期には、いちばんおいしいリンゴを持参して出勤するのが松尾さんの日課です。

洋梨は、地元の「伊藤農園」からの仕入れです。洋梨は、肥料を多めにすれば甘くて大きな実をつけますが、旨味が劣ってしまいます。また、収穫時期の見極めと追熟の加減が難しいのですが、伊藤農園では長年の経験をもとに、収穫までしっかりと手間をかけ、お菓子のためのおいしさを追求してくれています。

このようにして、一つひとつの食材が、地域の一人ひとりの生産者によってていねいにつくられていることで、菓匠Shimizuのお菓子がささえられているのです。

食材を生産する農家には、現社長の祖父母にあたる初代や、2代目にあたる両親と縁の深い人もいます。清水社長は、収穫前にはできるだけ、それぞれの畑に社員といっしょに訪問します。農産物の出来具合を見るのと同時に、農家の人たちと顔を合わせることで、生産者の思いに触れるためです。農業のプロフェッショナルとお菓子のプロフェッショナルという、つくり手同士が親密な交流をすることから信頼関係が生まれ、それがおいしさと安心につながっていくと、清水社長は信じているからです。

果物は、品種や産地、その年の出来によって、味も見た目も違います。お菓子のつくり手は、同じ果物でも、甘いときには甘さを生かし、酸っぱいときには酸味を生かしたお菓子に仕上げます。清水社長は、農産物の味やかたちは、つくる人たちそれぞれの思いであり、持ち味だと考えています。「つくり手の思いを大切にし、その思いをお菓子にのせて届けることがお菓子屋の使命」だと語ります。

菓匠Shimizuにとって、地域の農家はみんな大切なパートナーです。しかし、多くの農家は後継者がいなくて困っているのが現状です。そこで清水社長は、農家の事業の継続についても手伝えないかと考えています。その取り組みのひとつとして、2004（平成16）年からメイヤーレモンの自社農園を始めました。日々の仕事は農家の人にお願いし、設備や運営を会社でもつというスタイ

菓匠Shimizuをささえる生産農家の人たちと清水社長（右）。上からメイヤーレモンの自社農園、伊藤農園、たかずやファーム。

ルにしました。地域にささえられているからこそ、自分たちが地域の農業をどうささえていけるのかを課題のひとつとして捉えているのです。

●世界にひとつの夢ケーキ

菓匠Shimizuにとって、大切な日があります。それは、「8月8日」です。「夢ケーキの日」とよばれるこの日は、「お菓子を通じて世界じゅうを夢でいっぱいにしたい」という清水社長の思いが込められた日でもあります。

夢ケーキとは、子どもたちが描いた将来の夢の絵をケーキにしてプレゼントする、という企画から始まったイベントです。

発端は、2006（平成18）年10月のことです。清水社長は、隣町で起きた悲しい事件をニュースで知りました。中学生の子どもが眠っている父親を殺害してしまうというものでした。近隣の、しかも家庭内で起こった悲しい事件に、清水社長は強い衝撃を受けました。地域にある菓子店として、何かできることがあったのではないか。もしこの家族が前日に、自分がつくったお菓子を囲んで家族だんらんの時間を過ごせていたなら、もしかしたら……。「この事件は他人事ではない」と考えたのです。

清水社長は、このような事件をなくすために、「家族で夢を語ってもらおう。子どもたちに、夢は叶うものだと伝えていこう」と思い立ちました。そして、夢をかたちにしてプレゼントする「夢ケーキ」プロジェクトをスタートさせたのです。

当初は、子どもたちの夢を描いた絵を募集し、社員がその絵をケーキにして無料でプレゼントするというものでした。第1回は2006年のこと。世界にひとつの「夢ケーキ」が9台誕生しました。当時を振り返り、「受け取った子どもたちの満面の笑顔に、自分たちのほうが幸せをもらった」と清水社長はいいます。

第2回は、54台のケーキ、第3回は300台を超えるほどになります。噂が噂をよび、第5回には850台にもなりました。そのときも、ひとつとして同じものがないケーキを社員総出でつくり、無料でプレゼントしました。しかし、毎日の仕事をしながら、睡眠時間を削って莫大な数の、しかも一つひとつ違う絵のケーキをつくるのは、もう限界でした。ちょうどそんなとき、常連のお客さんから「毎年参加したいけれど、無料だと申しわけなくて参加

夢ケーキを作成中の子どもたちとお母さん。。

しづらい」という一言がありました。それをきっかけにして、無理のないかたちに変化させることになりました。

お菓子づくりは夢づくり

最近の夢ケーキプロジェクトでは、定員50人、午前・午後の入れ替え制とし、事前にアンケートを書いてもらいます。アンケート用紙は、子どもの夢、親の夢、生まれたときに関することなど、親子で思い出や夢の対話をしながら書き込めるように工夫がこらされています。ケーキづくりも、土台部分をお店で用意し、夢をもとにしたデコレーションを親子でつくって飾り付けてもらうというスタイルにしました。

デコレーションは、「マジパン」という、アーモンドを粉状にしたものに砂糖をまぜて練り合わせた、食べられる粘土細工のようなものでつくっていきます。つくり方は、社員のほか、全国から駆けつけたパティシエが教えます。カラフルなマジパンを手に、子どもだけでなく親も一緒になって、人形や乗り物などをつくってケーキに夢を描いていきます。世界に一つだけの「夢ケーキ」は、ていねいに抱えられて、それぞれの家庭にもち帰られます。毎年参加する親子もいて、「子どもの成長を感じられる、とっておきの時間になっている」と語ります。

子どもたちが描いた夢には、「人を喜ばせたい」「だれかの役に立ちたい」というものが多く見られます。子どもたちに「だれを喜ばせたいですか?」と質問をすると、「お母さん、お父さん、家族を喜ばせたい」と口をそろえたように答えるそうです。「パティシエになりたい」という夢が多いのは、どうやらこのお店の影響のようです。

夢ケーキをつくった日の夜、地域の何十世帯もの家族がそのケーキを囲むようすをイメージすると、社員や、イベントにかかわった人たち全員が、心温かく幸せな気持ちになります。世界に一つだけの「夢ケーキ」は、その家族にとっての宝ものですが、食材をつくっている農家の人たちの思い、社員の思い、子どもたちの思い、家族の思い、すべての思いがつながった、地域の宝ものでもあると、清水社長は考えているのです。

清水社長の思いは全国に広がり、菓子業界はもちろんのこと、学校や一般企業へも影響を与えています。「夢ケーキ」は、伊那谷から外に飛び出して、全国で「出張夢ケーキ」として活動しているのです。出張夢ケーキとは、一般企業や学校、福祉事業所などに出向いて夢ケーキイベントをお

できあがった夢ケーキ。

こなうことです。ある会社では、社員の夢を夢ケーキにすることで、改めて将来のビジョンを具体的に描き直し、社内で夢を共有することができたと報告しています。別の会社では、社員の家族のために開催して大変喜ばれたといっています。

ほかにも、北海道、東北、関東、関西、九州などにある20以上の菓子店が、それぞれの地域で「夢ケーキ」イベントを開催するようになりました。各店のやり方はさまざまですが、それも個性だと清水社長は考えます。試行錯誤を繰り返しながら、いちばんいいものにたどり着くまでの過程も、夢ケーキがもたらす大切なステップなのです。

さらに2010（平成22）年12月、全国から集まった有志でNPO法人「ドリームケーキプロジェクト」を設立し、活動のひとつに「夢ケーキ基金」をつくりました。世界じゅうの子どもたちに「夢は信じれば叶う」ということを伝え、世界じゅうの家族に楽しい団欒の時間をもってもらいたいと考えたからです。「そうすれば、世界はもっとよくなる」と清水社長の夢も膨らんでいます。

●社員の夢を叶える職場

「子どもたちの夢を応援するには、大人である私たちが夢をもつ必要がある」というのが、清水社長の持論です。大人が夢をもつ姿を見せることで、その背中を見て育つ子どもたちも夢をもつことができます。大人が夢を叶えることは、地域の未来を創造することになります。「だからこそ、社員にも夢を叶えてほしい」と、会社では、社員一人ひとりの夢を叶える職場づくりに力を入れています。朝礼や合宿、社員旅行などをおこない、たがいに夢を語り合ったり、応援したりする機会を数多く設けているのもそのためです。

　そもそも菓子職人にとって、自分で考えたお菓子が商品化され、名前や価格を自分で決めて店頭に並べられるというのは、まず叶えたい夢のひとつです。ある社員の「カフェを開きたい」という夢は、店舗2階にカフェ「ポン・デ・ザール」をオープンさせることで実現されました。「お菓子教室を運営したい」という社員の夢は、カフェに併設して専用キッチン「スタジオ・マジカル・ゾーン」をつくることで叶えられました。

　社員はそれぞれ、さまざま夢を抱いていて、その夢の根底には、「人を喜ばせたい」という共通意識があります。同じ思いで全員がつながっているからこそ、「いちばんの応援者でありたい」と清水社長は語ります。

豆知識

ＮＰＯ法人

　ＮＰＯは、Non Profit Organizationの頭文字で、非営利組織のことです。利益を出すことが禁止されているわけではなく、利益を第一目的にしない組織を意味します。つまり、利益を得て配当することを目的とする組織である企業に対して、ＮＰＯは社会的な使命を達成することを目的にした組織です。社会的課題の解決を第一目的とし、利益は目的を達するための手段ととらえます。

　ＮＰＯの団体に法人格が必要とは限りません。ただし法人格をとると、法的・社会的な位置づけが明確になり、対外的な信用がつくりやすくなります。その反面、規則に従った届け出や報告の手間と法人としての税務が生じます。

●社長自身の夢も叶える職場

菓匠Shimizuの社員は、「この一つのケーキが、お客様の人生最後の食べ物かもしれない」「仲間と一緒に働くのは今日が最後かもしれない」という二つの意識をつねにもって働いています。その意識は、お誕生日ケーキにまつわる、ある出来事がきっかけでした。

お誕生日ケーキを注文した家族がケーキを取りにきたとき、両親の手に3歳の子どもの写真がありました。それは、誕生日のケーキを受け取りに来るはずだった本人の遺影でした。そのケーキを担当した社員は、両親が手にした写真を見て、声を上げて泣き出しました。「この子のために、全力をかけてケーキをつくってあげられなかった。なんてことをしてしまったのか」と、その場に泣きくずれてしまったのです。あとで聞き出せたのは、「忙しかったから、100個のうちの1個という意識でつくってしまった」という後悔の言葉でした。この出来事について社員で話し合い、「一つのケーキ、一つの仕事を100パーセントの力で取り組む」ことを全員が心に刻んだのです。清水社長は、こうした社員を力強く応援したいと考えています。

いま、清水社長には、新たな夢が生まれています。入社5年目で小麦粉アレルギーを発症してしまい、パティシエになりたいという夢を絶たなくてはならなくなった社員へのサポートです。ほとんどのお菓子に使われる小麦粉に触れられないとなれば、菓子職人としては致命的です。

「あと1年間お礼奉公をしたら、この仕事を辞めます」とつらそうに伝える社員に、清水社長は、「パティシエになりたいという夢のとっかかりがせっかく叶ったというのに、その夢をかんた

夢ケーキを完成させた子どもたちとパティシエ。後列中央は清水社長。

んにあきらめていいのか！」と怒りをぶつけました。そのときは、なぜ怒ったのか、自分でもよくわかりませんでしたが、あとになって、「決して夢をあきらめさせてはいけない」という強い思いが引き金だったことに気づきます。

なんとかできないだろうかと悩んでいたとき、清水社長は、アレルギーフリーのお菓子への取り組みがあることを知りました。「この社員が働ける場所がつくれる」とひらめいた清水社長の頭には、食が制限されるアレルギーや病気の人向けのお菓子の専門店というアイデアが浮かびました。そういった子どもたちにも、お菓子を食べる喜びを与えられるのです。この新しい「夢」は、実現に向けて歩き出したところです。

すべての人におしゃれを

モルティー

静岡県静岡市

移動する理・美容室

ＪＲ静岡駅から北へ車で約20分、新東名高速の新静岡インターチェンジのすぐそばに移動理・美容室を経営するモルティーという会社があります。移動理・美容室というのは、自動車を改造して、理・美容室の店舗内設備と同様の機材を備え、お客さんの注文に応じて出張して仕事をするお店です。

モルティーでは「すべての人が、おしゃれで、美しく、そしてさわやかな気持ちになっていただくよう、お手伝いいたします」を理念としています。市内にあるふたつの店舗はいずれもバリアフリーで、お年寄りや障がいのある人も来店しやすいように配慮されています。さらに、車椅子対応の送迎車が用意されていて、地域の生活弱者の受け皿となっているのです。

まずは老人ホームの巡回から

移動理・美容室の発想は、今から遡ること20年前、いつも来店していたお客さんが、ある日突然来なくなったことに始まります。不思議に思ったモルティーの創業者で現社長の福地《ふくち》道昭《みちあき》さんが、そのお客さんと親しかった人に尋ねたところ、常連だったお客さんは老人ホームに入居したことがわかりました。

福地社長は、「ふだん、あんなに身綺麗にしていた方だから、本当は来店したいのにご来店いただけない事情があるのではないか」と考えました。さらに、「老人ホームに入居しているお年寄りも『おしゃれ』はしたいはずだし、ならば、出かけていってすればいいではないか」と考えるようになりました。

居ても立ってもいられず、2日後、お客さんから聞いた施設を訪ねると、常連のお客さんはベッドに横たわり、大好きな美容院に行けなくて悔しいと涙ながらに話したといいます。

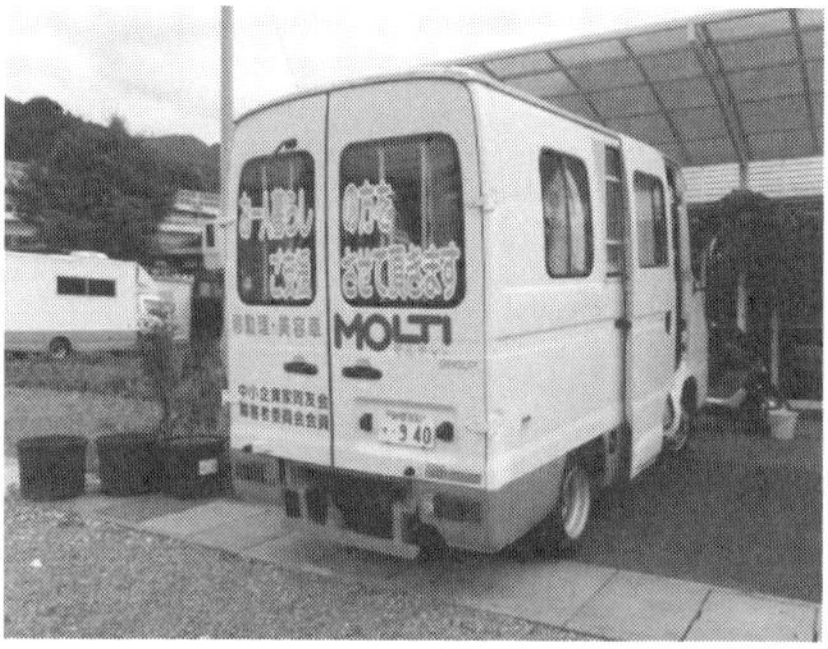
自動車を改造した山間地専用の移動理・美容車。

福地社長は、このお客さんの思いをなんとか実現しなければ、と考えました。こうした思いはだれにでも間違いなくあるだろうと直感した福地社長は、思いつきとはいえ、移動理・美容室をつくることを決心し、高額な設備投資をしました。最初は老人ホームとの契約が思いのほか進まず、始めてからの5年間は赤字続きでお店の収益をつぎ込みながらの運営でした。契約をとりたくて老人ホームを回っても、まったく興味をもってもらえない日々が続きました。しかし、ある老人ホームで移動理・美容室を見てもらったことをきっかけに、初めての契約を取ることができました。

その後は、小泉内閣の「聖域なき構造改革」で老人ホーム間の競争が激化して、サービス向上のために移動理・美容室を活用する老人ホームが増えたこともあり、経営が安定するようになりました。今では静岡県内の85以上の施設と契約を結び、4台の移動理・美容車と13人の従業員で、老人ホームを巡回しています。

山間地で暮らすお年寄りのために

移動理・美容室が軌道に乗り始めたころ、福地社長は経営者仲間の会合で、山間地で暮らすお年寄りの人たちが困っているという話を耳にしました。静岡県の山間地は過疎化が進み、50世帯前後のほとんどがお年寄りという集落もあります。そのような地域には、理・美容室が近くにないことも多く、髪を切りたいと思っても最寄りの理・美容室までは、車で1時間以上かかるようなこともあります。福地社長は、もし、移動理・美容室で訪問することができたら、山間地に住

豆知識

聖域なき構造改革

「聖域なき構造改革」は、小《こ》泉《いずみ》純《じゅん》一《いち》郎《ろう》氏が首相として在任中（2001～06年）に掲げた経済政策スローガンです。「構造改革なくして真の景気回復はない」として、郵政民営化を実現させたほか、道路関係四公団の民営化法案の成立、役人の天下り抑制のための特殊法人の独立行政法人化など、これまでの内閣では手をつけられなかった行政改革がおこなわれました。

また「医療、介護、福祉、教育など従来おもとして公的ないしは非営利の主体によって供給されてきた分野に競争原理を導入する」ための「民営化・規制改革プログラム」が提案され、徹底した自由競争が社会を豊かにするという方針がつらぬかれました。

むお年寄りに喜ばれるのではないかと考えました。

しかし、老人ホームの巡回とは違い、山間地の訪問は経営を成り立たせることが難しいことも事実です。そこで、福地社長はお店の休日に、一人でボランティアのようなかたちで山間地を訪問することを決断しました。それまで担当していた老人ホームの巡回は、思い切って社員に任せました。そうすることで山間地を定期的に訪問する時間を確保したのです。さらには、山間地の狭い山道でも通れるように小振りなトラックを改造して理・美容室をつくりました。このようにして体制を整え、山間地の訪問を始めたのです。

今では、地域の支援センターと協力しつつ訪問をしています。理・美容料金はカット５００円、髭剃りも５００円。片道2時間以上かかる地域もありますから、一日で訪問できるお客さんは多くても10件ほどです。

福地社長は「料金は無料でもいいのですが、無料だとお客様が遠慮してしまうので有料にしただけ」だと

こうした山間地に住むお年寄りにとって、まちに出かけることはなかなかむずかしい。

いいます。さらに、この売上代金はすべて地域の特別支援学校に寄付する本や楽器の購入にまわしています。

●久しぶりの再会

福地社長は、ここ1年あまり体調を崩し、山間地への訪問理・美容を中断していました。その間、「あのお客様は髪をどうしているだろうか」「達者でいるだろうか」と気になって気になって仕方がなかったといいます。一刻も早くお客さんに会いたい！　体調も徐々に回復し、福地社長にとって、やっとその日がきました。

早朝、車や機材の点検を念入りに済ませ、1時間半の道のりを自らの運転で走ります。途中、道路はすれ違いもできないほど狭く曲がりくねっています。最初に向かった家は、今回初めてのお客さんで、家が点在する坂本《さかもと》地区（46世帯）にありました。この家は南アルプスが北に見える山の中腹にあり、道が複雑に分かれていて、到着までに3～4回、道を尋ねたほどです。

一方、首を長くして「今か、今か」と待っていたご夫婦（80歳超）は、大歓迎です。開口一番、福地社長は「ここは空気が美味しいね」、「長生きできるね」と声をかけます。お客さんの足が少し不自由かと察すると、さっそく理容椅子と兼用の車椅子を車から降ろし、ご主人を乗せて車中に誘導します。

カットしてサッパリするや、髭剃りもついでにとの注文を受けました。老若男女問わず、いくら年を重ねても綺麗でいたいというのが人間の本質だと、福地社長は思っています。世間話が大好きな社長の話をじっと聞き入っていたお客さんは、帰りには「お土産」まで用意していました。今後、定期的な訪問はもちろんのこと、熱い交流が始まる予感です。

次のお客さんは、さらに山奥へ車で30分、栃沢《とちざわ》地区の女性（90歳超）です。彼女とは1年半ぶりの再会で、福地社長が訪問することを知り、楽しみに待っていたそうです。まずはおたがいの健康を尋ね、ひと安心します。女性は、訪問が中断していた1年半の間、病気にかかることもなく、近くの美容院に息子さんの車で送り迎えをしてもらって通ったそうです。人の世話になりたくないという彼女は、これからは福地社長が来てくれるというのでニコニコ顔です。

福地社長はこの1年半の中断期間を「ゴメンネ」と優しく語り、カットの間も日々の生活のこと、地域のこと、息子さんのことなど、話は尽きません。終了後も縁側に腰かけ、お正月までに再訪することを約束し、家をあとにしました。

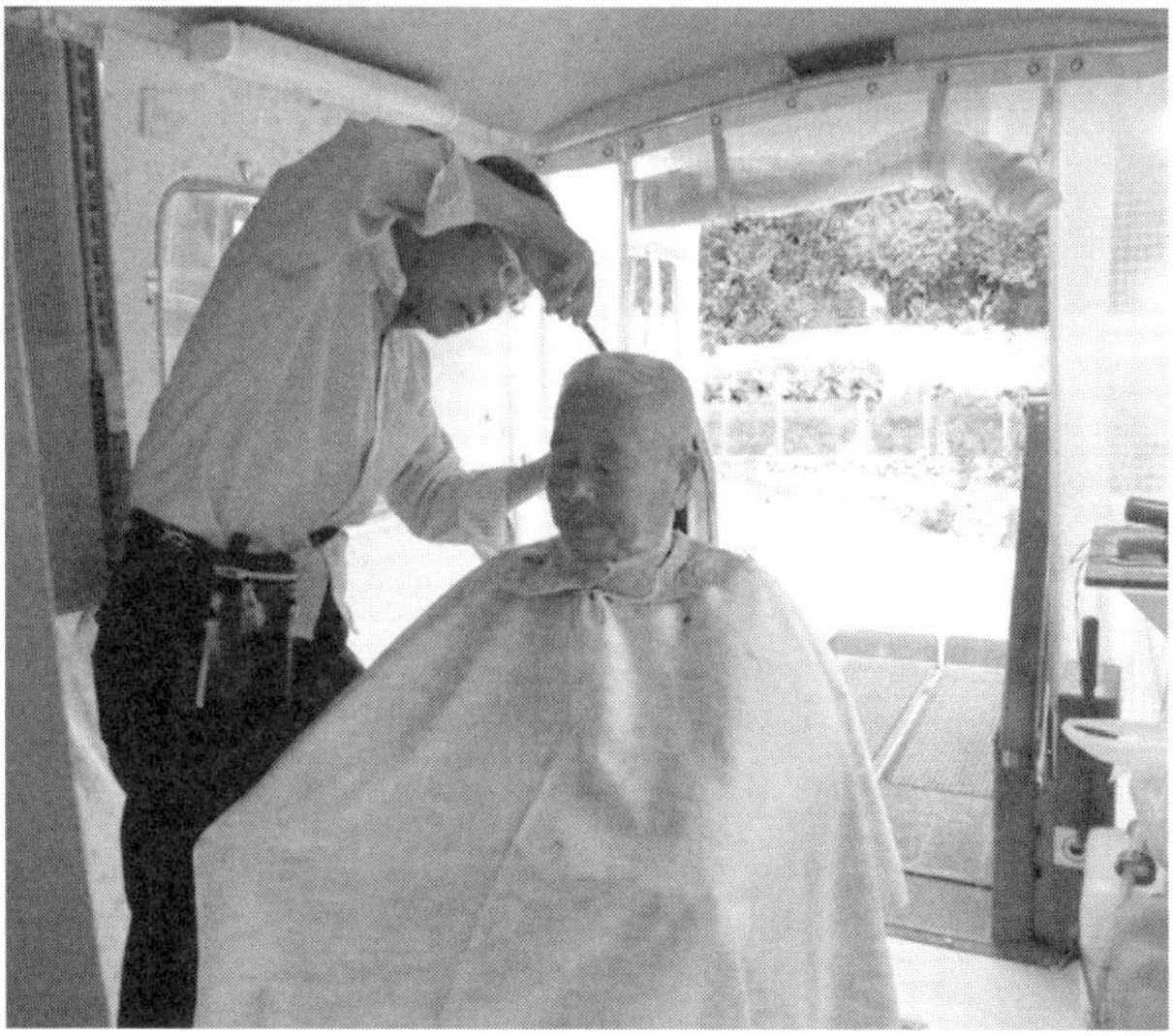

訪問先で、お客さんの髪をカットする福地社長。

●山間地「お年寄り」の見守りさん

こうした過疎化の進む静岡市の北部山間地は、高齢者や一人暮らしの人も多く、ときには障がいをもった人にも出会います。2か月に1回の訪問は、おたがいに再会が楽しみになるといいます。

散髪や美容はもちろんですが、仕事に取りかかる前には、最近の気候や世間一般的な出来事、仕事中には家族や孫など家庭内あるいは日々の暮らしのこと、仕事が終われば元気で過ごしてね……というエールなど、次回訪問の約束をするまで福地社長とお客さんは喋り続けます。お客さん側からすれば、親しい間柄ゆえ、情報を新鮮に受け止められるし、何よりも福地社長が「相談相手」となってくれます。逆に福地社長は、お客さんとの会話を通じて地域の情報を得ると共に、地域の人たちの消息までも知ることができます。つまり、地域の支援センターと連携して、見守りをしているのです。

訪問先のお客さんと世間話をする福地社長。

●安全・安心をモットーに福祉理美容協会の設立

2012（平成24）年、福地社長は、移動理・美容室を経営する仲間と日本福祉理美容協会を設立しました。国内にこのような形式の移動理・美容室は少なく、情報網がなかったからです。

協会を設立する前には、独自の手法、いわゆる手探りの状態でおこなっていたので、お客さんにもっと安心して利用してもらうためにはどのようにすればよいのか、相談相手もなく一人で悩むときもしばしばでした。とくに感染症予防については不安が大きかったといいます。協会の設立後は一年に2～3回勉強会を開催し、月に1回、TV電話で話し合い、情報交換をするそうです。たとえば、お客さんの肌に直接触れる髭剃りの刃やタオルは使い捨てにすることなどは、このときに得られた情報です。さらには今後の業界の方向性をメンバーで語り、知識を共有すると同時にもっと安心してもらえるサービスを提供したいといいます。

福祉理美容協会の活動のひとつに、災害時のボランティア活動があります。2016（平成28）年4月に発生した熊本地震では、多くの人が避難所生活を余儀なくされました。そうしたなか、被災者は生きるのが精一杯で、髪の手入れなどとてもできる状態ではないだろうと察し、福地社長は日本福祉理美容協会の仲間とシャンプーボランティア「癒し隊」を結成しました。さすがにこのときは車での移動はできませんでしたが、地元や近県の理・美容師延べ38人の協力、そして近隣の美容学校との連携により、4日間で約250人のシャンプーやハンドマッサージ、ヘッドマッサージをおこないました。

被災した人たちは大変喜び、疲れ果てていたこともあり、心のケアにもつながったといいます。この行動は、開業以来お客さんにささえられて今日があるという感謝の念からおきたことだ、と福地社長はいいます。もっというならば、社員が理解してくれるからこそできたことであり、「社員あっての会社」だといいます。

●地域の雇用にも貢献

モルティーは、従業員に対する環境にも気を配っています。

老人ホームをまわる移動理・美容室は、仕事の時間を朝8時から夕方5時までとし、夜まで仕事をすることはありません。仮に残業があったとしても月に4時間程度です。

契約している老人ホームのなかには、お店のある静岡市から車で1時間半以上かかるところもあります。この場合、夕方に仕事が終わっても、従業員が家に着くのは夜になってしまいます。従業員のワーク・ライフ・バランス*を考えると、通勤時間は短いほうがいいわけですから、モルティーでは従業員の現地採用を進めています。たとえば、静岡県西部の浜松市にある施設で仕事をする場合、西部地域に住む従業員が直行直帰で仕事をします。こうすることで、通勤時間が短縮でき、従業員の負担が減少します。

このような取り組みをした結果、移動理・美容室で働く従業員の大半が、結婚・子育てなどの理由で美容師を一度リタイアした人ができるという状況になっています。子育てがひと段落して、また働きたいという人が働きやすい職場になっているのです。

*ワーク・ライフ・バランス…仕事と生活の調和。2007年に関係閣僚、経済界・労働界・地方公共団体の代表等からなる「官民トップ会議」において、ワーク・ライフ・バランス憲章が策定された。

●社長の夢は、福祉施設をつくり、全国の山間地を訪問すること

モルティー第二東名店で働く従業員の一人に、落合彩世《おちあいさよ》さんがいます。彩世さんは、障がい者の特別支援学校に通っていましたが、モルティーでの就業体験がきっかけで、２００８（平成20）年に正社員として働き始めました。仕事内容は掃除、タオルなどの洗濯、道具の片づけ、ヘアカラーの溶液を混ぜてカラーをつくる仕事、パーマの補助など、多岐に渡ります。今では欠かすことができない貴重な戦力になっています。

10年近く働く彩世さんの姿を見続けた福地社長は、何らかの方法でハンディキャップがある人の就労をサポートしていきたいと考えています。彩世さんが将来自立していくには、共同生活が最適だと考えた福地社長は、新しい取り組みにチャレンジする夢をもっています。昔の大家族のように何世代もの人たちが安心して住める施設をつくるのです。３階は若い人たち、２階はお年寄り、１階は入居者みんなが働ける授産所などです。若い人のなかには、この施設から勤め先に通う人もいます。だれもが安心して暮らしていける、そんな施設をつくる夢です。

もうひとつの夢は、理・美容業で生活をささえてこられたお返しとして、移動理・美容車で一人旅をしながら、全国の一人暮らしのお年寄りや移動できない人たちを訪問するというものです。春は桜前線にのって九州から北海道へ、秋は紅葉前線にのって北海道から九州へと、理・美容でお返しをしながら旅をする夢です。現在の山間地訪問は、夢の予行演習なのです。

捨てない農業、育てる市場

ミチナル

岐阜県高山市

農業の救世主誕生

ＪＲ名古屋駅から特急に乗り、２時間20分程走ったところに、岐阜県高山市《たかやま》があります。おもな産業は、年間４００万人が訪れる観光産業と、家具を中心とした木工産業、そして就業人口の１１・１パーセントを占める農業です。高山市を含む飛騨《ひだ》地域は、標高が６００メートルを超える高冷地です。山間部では降雨量が多く、ハウス栽培が進み、ほうれん草、トマト、米、菌生しいたけ、ねぎなどのいわゆる高原野菜の産地です。

飛騨を活性化したい。飛騨の高原野菜の魅力を活かした新商品をつくり出したい。同時に自分の会社も地域に貢献できるよう成長・発展したい。「ミチナル株式会社」はこうした熱き思いを乗せ、２０１５（平成27）年11月にスタートしました。

その中心となる人物は、現社長の山下《やました》喜《き》一郎《いちろう》さんです。山下さんは、１９７０（昭和45）年生まれ。大学卒業後、大手のビール会社で4年間営業を経験したのち、１９９９（平成11）年に退社して、山下さんの祖父が創業した地元の総合食品会社である山一商事に入社しました。さまざまな職務を経験したのち、２０１１（平成23）年に41歳で３代目社長に就任しました。社長になる以前から、山下さんは新しい食品事業を模索していました。そのときつねに頭にあったのは、「『食』の分野で地域のために貢献できることをしたい。そのために何ができるのか」ということでした。

事業のきっかけ

高山市は、全国の市区町村でほうれん草の生産量が1位です。山一商事では8年ほど前からそこに着目し、ほうれん草の用途開発を研究していました。山下さんは、まずは農業の経験も不可欠であると、2010（平成22）年に無農薬有機栽培に挑戦する農業法人「まんてん農場」を設立しました。地域の農家やJAとの交流を深め、パイプづくりに努めたのです。

こうしたなかで、地域最大の生産量を誇る「飛騨ほうれん草」というブランド野菜を生鮮出荷する際、規格サイズからの逸脱や、虫食い、変色等は一切認められないという厳しい基準が設けられていることを知りました。そのため、おいしく食べられるものの、袋詰めをする際に調整作業によって省かれ、端材として捨てられてしまう部分が大量に出てしまいます。地域の農家の人に聞き取りをすると、多くの農家では生鮮での出荷

市内の農家から集められた規格外や外葉、下葉などほうれん草の端材。

量を伸ばすほど、廃棄量も増えてしまう問題に直面しているということがわかりました。ほうれん草の処分方法は、ほとんどの農家が自分の畑に埋めたり、山に捨てたりしています。近隣住民からの苦情や高速道路の建設などによって、捨てる場所がなくなってしまうという問題も新たに発生していました。また、環境問題を考えて、廃棄自体をどうにかしなければいけないと考える農家が増えているとも聞きました。この端材を利用しようと、過去にJAでも取り組みを始めたことがありましたが、利用量も少なかったため、取り組みを諦めた経緯もあるといいます。

さまざまな事情を知った山下社長は、だれもやらないのなら、自分が解決しようと考えました。廃棄にともなうコストが増え続け、農家の負担も大きいことから、この事業の実施はスピードが重要です。本来ならば体力も信用も十分ある山一商事が取り組むことですが、スピードなどの観点から、新会社を設立することにしたのです。さらに、一社でやるより関心のある地域企業を巻き込みながらやったほうがいいと考え、協賛企業を募りました。

山下社長は機会があるごとに「廃棄されている端材を『端財』にするビジネスを一緒にやりませんか」と熱く語りました。やがて投資育成会社をはじめ、地域の大手食品メーカーや流通業者が出資に賛同し、ミチナル株式会社が誕生したのでした。出資を申し出た人たちには、実際に高山に足を運んで飛騨ほうれん草の実状を見てもらい、出資を得ることにつなげました。

ほうれん草の端材事業への進出は、高山地域のほうれん草農家がかかえていた問題を解決する一面もありましたが、ミチナルの親会社となる山一商事にとっても新規事業を展開するひとつのきっかけになりました。

山一商事には製造部があり、もともとは地元で採れるなめこやわらびなどの山菜を加工し、瓶詰や缶詰にして販売していました。しかし、時代の流れと共に農業で生計を立てる人たちが少なくなり、山が荒れるにともなって山菜も採れなくなってきていました。その後、原料の約8割を中国から輸入するようにしましたが、原料の品質維持や人件費の高騰もあり、将来が不安視されていたのです。つまり、山菜に替わる地元の産物を探していたことも、新規事業設立へ拍車をかけました。

こうして山一商事をはじめ、民間4社と農林漁業成長産業支援機構など2社の計6社が共同設立企業となり、「ミチナル株式会社」が設立されました。2016（平成28）年4月、地域の農作物を新しく生かすための工場が本格的に稼働しました。

規格外の野菜を有効活用

現在のミチナルでは、自社農場で栽培したほうれん草に加え、地元農家が栽培したほうれん草の端材を集荷し、ミチナルの工場に搬入。それを洗い、分別から処理加工、袋詰めまで一貫生産しています。完成した商品の大半は、業務用か一般用として食品スーパーなどに出荷されます。用途開発にも力を注ぎ、カレーやピザなど次々に新商品が試作されています。

ほうれん草栽培農家は、これまで処分に困っていた端材を、ミチナルがほぼ全量を有料で仕入れるので、栽培への意欲が再び高まっています。まさに「三方よし」のビジネスモデルは関係者から高い評価を受けています。会社がスタートして半年程度ですが、社員数は35人にまで拡大。地域の新たな雇用の受け皿にもなっています。

ところで、社名のミチナルは、未来に向けて農家と市場、農家と生活者をつなぐ「未知なる道をつくろう」という願いを込めて名付けられました。

高山市も含む飛騨地方は、冬場は積雪のため畑での栽培ができません。そこで、冬が旬のほうれん草を、夏季に朝晩気温が下がる高冷地の特性を生かし、4月中旬から11月下旬まで4~5回、ハウス栽培で収穫しています。一方で、岐阜県の南部にある岐阜市周辺は、11月中旬から翌年4月下旬まで「美濃産ほうれん草」が旬です。ミチナルでは、飛騨産と美濃産とあわせて、年間を通して岐阜県産ほうれん草の〝端財〟ができるのです。

ほうれん草に限らず、日本の農作物の出荷には厳しい基準が設けられ、商品とならないものは端材として

豆知識

三方よし

「三方よし」は、「売り手よし」「買い手よし」「世間よし」の3つの「よし」のことです。鎌倉時代から江戸時代にかけて活躍した近江国《おうみのくに》（滋賀県）出身の商人の心得で、売り手と買い手がともに満足し、さらに商いを通じて地域社会の発展など社会貢献もできるのがよい商売だという意味です。

近江商人は、ただの商人から身を立て、一代で巨大な富を築くことをなしとげたスーパー商人です。「三方よし」の考え方を基本に、肩に天秤《てんびん》をかついで、地元の特産品をほかの地域に運んで売りさばき、その利益でそこの地域の特産品を買って、地元に帰ってふたたびさばくというかたちでビジネスを大きくしていきました。

畑や山陰に捨てられてしまうことがほとんどです。飛騨ほうれん草も同様に、生産量のうち約30パーセントが端材として捨てられてしまうといいます。だからこそ「捨てない農業」をミチナルはめざしています。

●ミチナルの取り組みの教え

端材の「材」は財産の「財」。端材ではない、『端財』だとするミチナルの取り組みには、つぎのような5つの特徴があります。

①捨てない農業の実現

日本のカロリーベースの食糧自給率は39パーセントであり、残り61パーセントは海外からの輸入に頼っています。よって、温暖化や世界情勢により食糧難に陥る危機が想定されます。ミチナルの取り組みには、農業の衰退による農地の減少や食料安定供給確保へ不安視される日本の農業の未来に、明るさを与えてくれます。

ほうれん草の端材は、機械による自動選別と目視選別（写真）がおこなわれる。24時間以内に製品化するため、洗浄、選別、ゆで上げ、カット後、急速冷凍機を使い、約４分ほどで凍結をおこなう。

「安全」・「安心」に「おいしい」を加えることで、農作物の自給率改善にも期待できます。ミチナルを先例として、日本全国の産地全体で「捨てない農業」に目が向けられています。野菜や果物の保存方法や冷凍技術、運送方法も進化しているので可能性は十分あると考えられます。

②安定した農業経営の実現

これまで農家は、ほうれん草の廃棄に対して苦労をしていました。それを買い取って商品化することで、農家の現金収入が増え、安定した農業経営に繋がります。

ただし、ほうれん草農家は高山市内だけでも５００軒程ありますが、ミチナルが契約している農家は未だ30農家に過ぎません。高山市の生産量から推測すると、ほうれん草端材の利用率は７〜８パーセントと思われます。

高山の農家同士でこんな会話があるそうです。

「ごみじゃないか。こんなの商品じゃない……」

「馬鹿言え。これまで捨てていたものが現金になるんや。ありがたいじゃないか」

今までゴミだと考えて「捨て場に困る」と悩んでいた農家の人たちには、「端財」として商品になるということへの意識の切り替えが、まだ不十分なのです。男性よりも女性のほうが、捨てられていたものが商品となることを素直に喜ぶそうです。こうした先入観こそ、全国の産地全体で端材ビジネスをすすめる際の難関だと山下社長はいいます。

③流通のビジネスモデル

端材は農家からミチナルが直接仕入れたほうが安くなることは当然なのですが、地域活性化のためにはあえて自社で調達せず、地元のＪＡを通して仕入れています。ＪＡによる営農指導により、安心・安全な出荷基準をクリアした原料を確保するため、またＪＡにミチナルの取り組みを理解してもらい、生鮮出荷はＪＡへ、端材はミチナルへ、という仕組みをつくるためです。この仕組みで、ＪＡ組合員の農家の人は安心して取り組みをスタートすることができました。栽培履歴や残留農薬の検査がはっきりしている農産品については、農家との直接取引をおこなっています。地域の農業の繁栄のために、そして食のために、「競争」ではなく「協創」を大切にしているのです。

④農業の6次産業化への挑戦

6次産業化とは、1次産業と2次産業、3次産業を足した考えで、農家などの生産者がつくったものを自ら製品に加工し、販売までおこなうということです。ミチナルでは端材を活用することで「捨てない農業」の実現をめざしました。つまり端材を凍結したり、パウダー加工したりする商品開発プロジェ

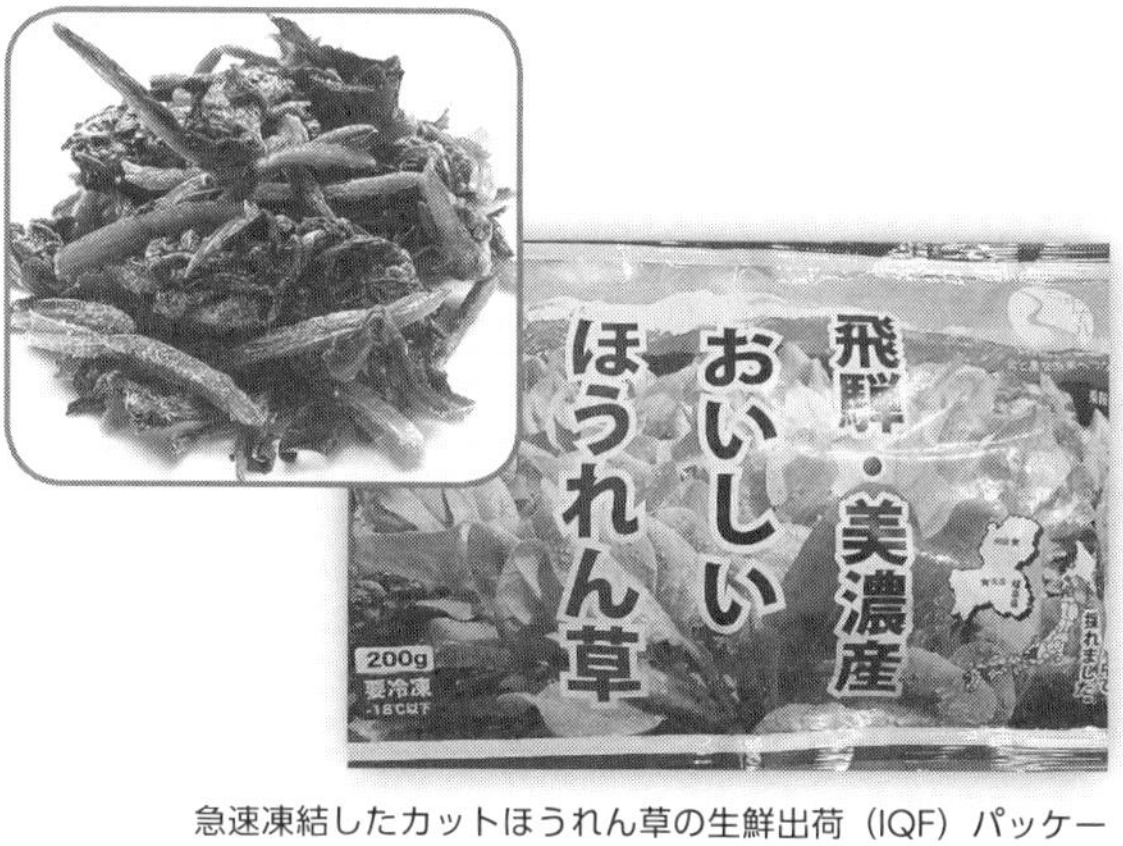

急速凍結したカットほうれん草の生鮮出荷（IQF）パッケージの商品。ほうれん草の端材を小さく切り、凍結設備で冷凍加工する。カットされているから、料理に使いやすい。

クトを発足し、カレーやピザ、惣菜などさまざまな加工品を産み出し、それらを販売しています。「こうしたアイデアを出すのはおもに女性社員たち。これからも、魅力のあるメニューや商品をどんどん提供していきたい」と、山下社長は力強く語っています。

⑤異業種の連携で事業展開

ミチナルの取り組みがこれまでのものと違うのは、食品メーカーや食品卸、野菜仲介業者など、異業種の会社と連携し、事業展開を図っている点です。出資した異業種企業をはじめ、山下社長の熱意を感じた地元の有力銀行、経済界が応援する、高山市で他に類のないファンドが成立したのです。

●ミチナルの今後

高山市では、ほうれん草のほか、トマトも全国で有数の生産量を誇ります。そこでミチナルでは生鮮出荷できないトマトを、トマト缶やジュース、ドライトマトに商品化しました。最近では、飛騨産パプリカや岐阜県産の枝豆など、品目やエリアの拡大も視野に入れています。今後は、さらに冬場の美濃ほうれん草のほか、岐阜県のにんじん、さといもなども一次加工

出荷できないトマトも、さまざまなものに商品化できる。

（皮むき、芯ぬき、カットなど）する予定です。安心・安全な野菜や加工品は、学校や病院の給食などからの要望も強く、販路拡大も見込みは十分です。山下社長の元には毎日といってよいほど、商品の問い合わせがあるといいます。しかし需要は多いのですが、生産が追いつきません。

こうしたミチナルの取り組みは、農家に夢と希望を与え、飛騨地域の農業の期待を背負っています。山下社長は、農業の後継者の育成や若者のUターン・Iターンへのきっかけにもつなげたいと考えています。

ミチナルでは、明るい農業の未来を信じ、間口を広げて農業従事者を増やしたいと考えています。シルバーセンターから派遣された人も雇用し、歓迎していま す。定年のないミチナルの最高齢社員は72歳です。山下社長は今後とも地域に役立つ企業をめざし、地域の障がい者にも雇用の場を提供していきたいと語ります。

農業は衰退産業という人もいますが、ミチナルのように、地域の資源を活用して地元の農業を活性化させ、雇用を増やし、成長産業化をめざす会社もあるのです。

「捨てない農業」をめざすミチナル社長の山下喜一郎さん。

古くから自家用野菜として栽培されてきた飛騨の伝統野菜「すくなかぼちゃ」も冷凍加工をして、新たな商品を生み出す。

めざすは介護のテーマパーク

たんぽぽ介護センター

愛知県一宮市

●高齢者向けのこだわりデイサービス

愛知県一宮《いちのみや》市には、日本最大級の高齢者向けデイサービスセンターである「たんぽぽ介護センター」があります。センターの総床面積は１３００坪。一般的なデイサービスの施設が、30〜２００坪くらいだといわれているので、その大きさのほどがわかります。もちろん、広さだけではありません。利用者の数は、延べで年間７万５０００人、一日あたり平均で約２５０人。一宮市の介護認定者の１割の人たちが、この介護センターを利用していることになります。

地域に根付いた介護事業を展開しはじめてから15年。たんぽぽ介護センターにこれだけの利用者が集まる理由には、ほかの施設にはない、人を引き付ける魅力がたく

たんぽぽ介護センターの正面入口。お客さんの見学も受けつけている。

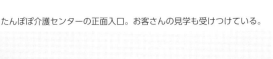

さんあることがあげられます。

たとえば、天然温泉、カジノ台、パン教室、パチンコルーム、パソコンルーム、囲碁サロン、麻雀サロン、陶芸サロン、プール、フィットネスルームといった設備があちらこちらに配置されています。こだわっているのは設備ばかりではありません。サービスにも工夫がこらされています。

たとえばランチ。毎日25種類以上の「バイキングメニュー」が提供されます。メニューは日ごとに替わり、季節を感じさせる献立が並びます。高齢になると低栄養になる人が多いといわれていますが、このセンターに通う人たちは、だれもがふっくらと健康そうなのが印象的です。

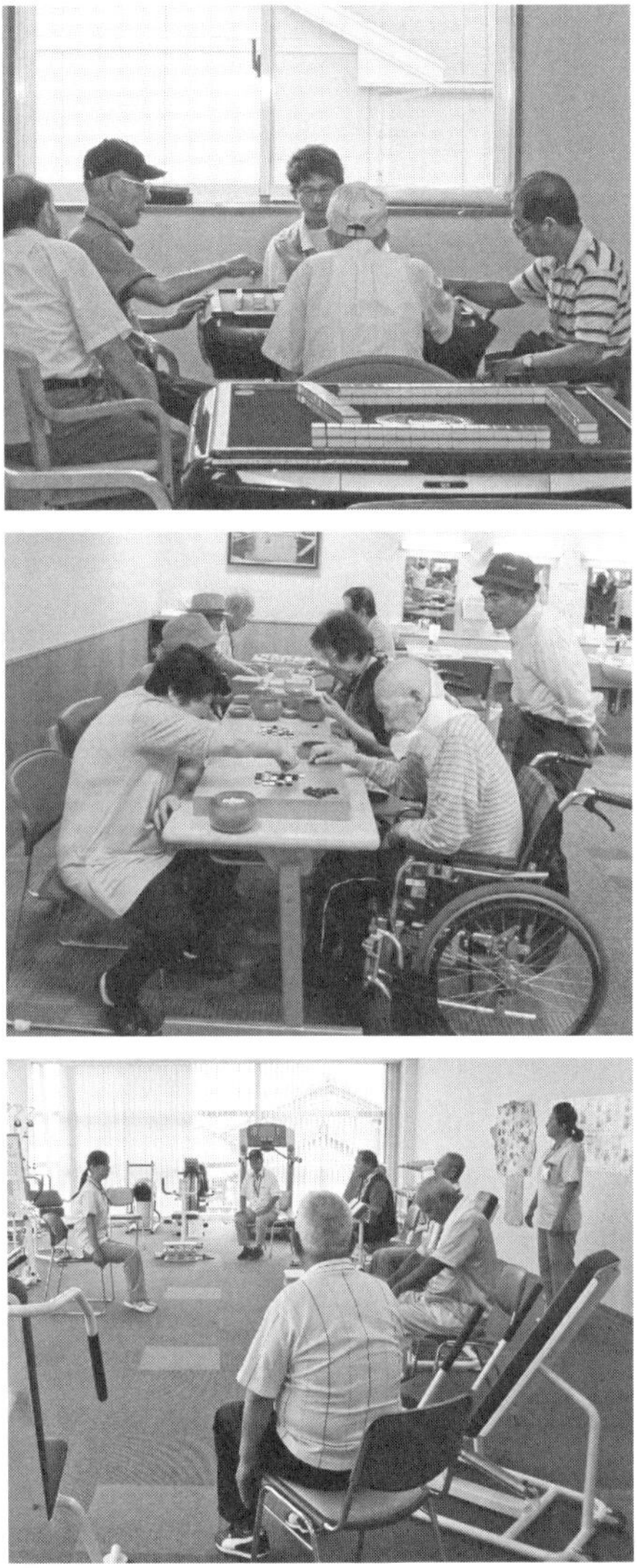

一見遊んでいるように見えるが、これらもリハビリプログラムのひとつ。上から麻雀サロン、囲碁サロン、フィットネスルーム。

●主導権はデイサービスの利用者にある

センターに入った瞬間、まず感じるのは、その「活気」です。一歩一歩、自分の足で歩き、楽しみながらも懸命にリハビリに取り組んでいる男性の利用者。センター内の売店で、笑顔で買い物をしている女性の利用者。そして、忙しくてもていねいなあいさつと笑顔を忘れないスタッフたち。そんな光景が、センターに入るとすぐに目に飛び込んできます。

何よりも印象的なのは、センターの利用者が楽しんでいる姿です。

じつは、そういった姿に、たんぽぽ介護センターのとても大切な理念と、緻密に設計された「仕組み」が垣間みられるのです。

通常の介護施設では、一日のスケジュールを施設のスタッフが考え、それに沿った過ごし方を利用者にしてもらいます。これは、利用者からみると、決して自由度の高いものではありませんが、この考え方には理由があります。「見守り」の側面からは、適している一面もあるというのです。施設が考えたプログラムどおりに利用者が動けば、だれがどこで何をしているのかがわかり、スタッフの目の届かない場所で利用者が転倒するなど危険性を最小限に抑えられるからです。

しかしながら、たんぽぽ介護センターでは違います。利用者の自由度を高めるために、センターが用意した多彩なリハビリプログラムから、利用者自身が自分の過ごし方を決めて、好きなように過ごすことのできる仕組みをつくっているのです。

●楽しい余生を満足と感動で幸せいっぱいに

センターは、２階建てです。入口からなかに入ると、１階の広いフロアに置かれたグランドピアノが目に留まります。このピアノの自動演奏が、さわやかに利用者であるお客さんを迎えます。たんぽぽ介護センターの社長を務める筒井《つつい》健一郎《けんいちろう》さんは、介護サービスの仕事を始めて10年あまりという「介護サービスの素人」（本人談）だといいます。しかし、これまでの他業種での職業経験から、人を幸せにする経営、働きやすい職場づくりの重要性を痛感し、地域のお年寄りやその家族、地域全体に役立つ介護サービス事業所をつくろうと、たんぽぽ介護センターを設立させました。

筒井社長は、介護サービスで地域貢献する場合には、介護を提供するだけでは十分といえないと考えています。大切なのは、高齢の人に、残された人生を幸せに過ごしてもらい、満足や感動を毎日の暮らしに提供していくこと。利用者の満足度を第一に考える筒井社長の理念から、センターには、パン工房、陶芸教室、習字教室、パチンコ、麻雀クラブ、水中教室、カラオケ、英語クラブなど２５０種類ものリハビリプログラムが用意されています。まるでカルチャーセンターのようです。利用者が何歳になっても学び、体験する気持ちをずっともち続けていられるように、たくさんのプログラムがあるのです。

大画面を見ながらカラオケで熱唱する音楽療法は、精神的なリハビリ効果があります。パチンコや麻雀、将棋など勝負ごとのゲームは、脳の活性化に最適ですし、身体機能の訓練にもなり、リハビリ効果が高いといいます。教室によっては、スタッフだけでなく、利用者が先生をしているところもあります。

「貯筋《ちょきん》教室」はスポーツジムです。レディフィットネスのプログラムには、一般の人も参加できます。水中教室では、理学療法士や水中インストラクターなどの専門スタッフが、利用者ごとにアクアビクスという水中トレーニングなどの機能訓練プログラムを作成しています。

プログラムのなかでは、パン工房が一番人気です。できたてのパンをお土産としてもち帰ることができるからです。当初一日30人だった枠を、今では午前に30人、午後に30人、合計で一日60人に拡充しています。

食事も楽しめるように、オムそばなどの日替わり定食や、海老入り麻婆なす丼などの日替わり丼、カレーライスのほか、自由に選べるランチバイキングも用意されています。

「たんぽぽの湯」は、地下1350メートルからくみ上げた本格的天然温泉施設です。温泉ではのんびりとくつろぐことができ、個浴（一人用の浴槽）では車イスのまま、湯船に入ることができます。

食堂には豊富な食事メニューが並ぶ。

ある男性利用者の家族からは、こんな投書がとどいています。
「いつもは無口な人が、感想を聞かれて『フツーじゃなぉ』と遠くを見る目つきで答えました。イヤなところへは絶対行かない人なので〝普通〟という意味は〝満足〟と、とらえております。わたしたち家族は大満足です。感謝いたしております。いつも本当にありがとうございます」

センターの利用者は、男性が半分以上を占めています。一般の高齢者デイサービスの利用者は、通常女性が8割、男性が2割といわれています。それを考えると、多くの男性利用者に支持されていることがわかります。

季節の行事も、餅つき、豆まき、ひな祭り、お花見からクリスマスまで、一年中いろいろな工夫が考えられています。お花見は、少し足をのばして、清州城の桜見物です。夏まつりでは、おいしいパフェづくりをおこないます。このような刺激的な活動によって、リハビリに励む利用者からは、自然に笑顔がこぼれます。

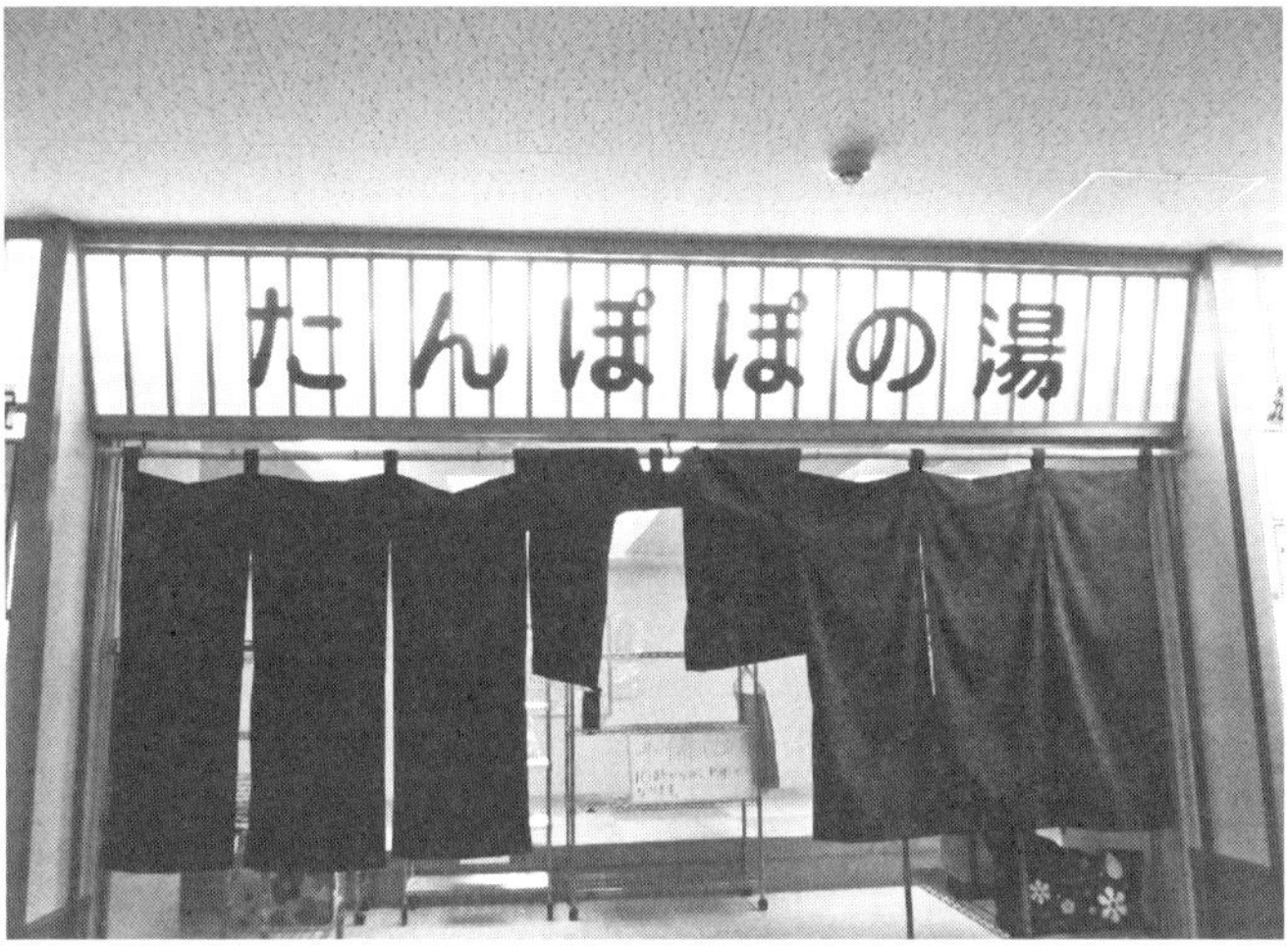

名物温泉の「たんぽぽの湯」。

●いつまでも楽しく「現役」で

たんぽぽ介護センターの特徴のひとつに、「シード（種）」（たんぽぽの種という意味）とよばれる専用通貨があります。

センターの利用者には、最初に5000シードが渡されます。センターが用意したリハビリプロプラムに参加することで、決められたシードを受け取ることができ（つまりお金を稼ぐことができる）、そのシードを今度は自分の意思で使用できるのです。施設内でしか使えませんが、できるだけ日常と同じような生活をすることで、利用者は、自主的にシードを稼ぎ、考えながら使うようになります。

たとえば、コーヒーを飲むのにもシードが必要です。2階にある約100メートルのリハビリ通路を徒歩で1周すると100シード、杖をついて1周すると200シード、車いすでは

シードを稼ぐためにリハビリへの意欲もわく。

300シードが支給されますから、シードを稼ぐために、リハビリへの意欲が増し、通貨を支払うことで満足感を得るのです。プログラムごとに支給されるシードの額（枚数）が異なりますから、その枚数を考えながら計算することが、頭の体操にもなっています。シードの導入により、できることは自分で取り組むようになった利用者が増えたといいます。

利用者のなかには、施設に来たときには車イスを利用していたのに、このリハビリ効果によって車イスから杖を利用するようになり、今では杖なしで歩くようになった人もいるといいます。医師も、その効果にはビックリしているほどです。

●働くパートさんを「主役に」

たんぽぽ介護センターには、デイサービスや有料老人ホームなど10か所の施設があります。それらすべての社員およびスタッフを合わせると約600人になります。介護施設では、正職員と同じくらい重要な人材としてパートタイムで働く人（パートスタッフ）たちがいます。通常の施設では、その割合は多くても正社員の30～50パーセントぐらいといわれていますが、ここでは90パーセントを超えています。この数字にも、センター独自の事業運営方法があらわれています。

介護施設では、制度上「人員基準」があり、少ないスタッフで運営しようとすることはできません。つまり、施設の利用者に対するスタッフ数は、どの施設でもほぼ同じ比率です。しかし、たんぽぽ介護センターのような巨大施設で「見守り」をおこなうためには、どうしても通常の人員基準以上のスタッフが必要になってきます。

センターには、現在、介護保険制度が決めている人員基準の1・3倍から1・4倍ほどのスタッフがいます。どうやってスタッフ数を増加させたかというと、「パート比率の引き上げ」です。正社員中心の組織から、パートタイムで働くスタッフを中心とした組織にすることで、スタッフの数を引き上げることができたのです。

しかし、それでサービスの質が下がってしまっては意味がありません。パートを中心とする組織で、介護の質を維持するためには、パートスタッフが「働きがい」を感じ、「働きやすさ」を感じる職場にすることが重要です。ここでも、スタッフの満足度を第一に考える筒井社長の理念が実現されています。

まず、センターでの正社員スタッフの役割は、パートスタッフの後方支援にあります。パートで働く人が仕事の大きなストレスを感じないように、全力でバッ

豆知識

介護職員の人材確保

厚生労働省が2015年に発表した需給推計によると、2025年度には介護職員が約253万人必要になるとされています。2025年というと、今の団塊の世代が75歳以上になる年です。要介護者も確実に増えると予想されています。しかし供給の見込みは約215万人しかいません。

2000年に介護保険制度が施行されて以降、介護職員の数は年々増加してきましたが、必要とされる数には足りません。定着率が悪く、全産業の勤続年数は平均約12年であるのに対して、介護職員は平均で約7年、ホームヘルパーは5年。離職率も2013年度の産業全体の15・6パーセントに対して16・6パーセントとなっています（厚生労働省）。

クアップしていくのです。

たとえば、パートスタッフのなかには女性もたくさんいます。子どもが熱を出したり、親の介護が必要になったりしたときには、急遽休むしかないこともあります。そんなときには、電話1本で休めるようにします。残業ゼロも徹底しています。スタッフの数を多めにしているので、人員のシフト管理が柔軟にできますし、困ったときはおたがいさまというように、スタッフ同士によるささえ合いが生まれます。

しかも、パートスタッフには、仕事をパーツでまかせるような中途半端なことはせず、人によっては相当大きな権限も委譲します。何かのイベントを企画するにも、まかされたパートスタッフの考えをできるかぎり実現できるようにしています。まかされた仕事の大きさに比例して、やりがいを感じるといいます。

さらに、パートスタッフの企画が実を結び、利用者を喜ばせることができたときには、みんなの前で表彰

筒井社長から表彰状を手渡されるパートスタッフ。

されます。経営者である筒井社長の名前で、1年間に発行される表彰状の枚数は1200枚にもなるそうです。表彰状は、委員会の委員長や施設長から手渡されますが、大事な賞では筒井社長自ら手渡すものもあります。パートスタッフを主役にすることに熱心なのです。

また、パートスタッフが楽しく安心して働けるように、センターではスタッフ専用の託児所を介護センター内につくりました。このことも、パートスタッフの満足度を高める効果をあげています。

スタッフ専用の託児所で遊ぶ子どもたち。

●スタッフの「人財」教育を充実

今、たんぽぽ介護センターがもっとも力を入れていることは「人財教育」です。スタッフの取得すべき知識・技能はたくさんあります。利用者＝お客さん相手ですから、接遇やマナー、コミュニケーション力も必要です。しかし、それ以上に重要なことがあると、筒井社長は考えています。

「お客さんがいま何を望んでいるのか、どんなことをしたらお客さんの悩みを解決し、希望を叶えることができるのか」

そうしたことを想像できるような「人間性」豊かな「人財」にスタッフを育てることが、大きな

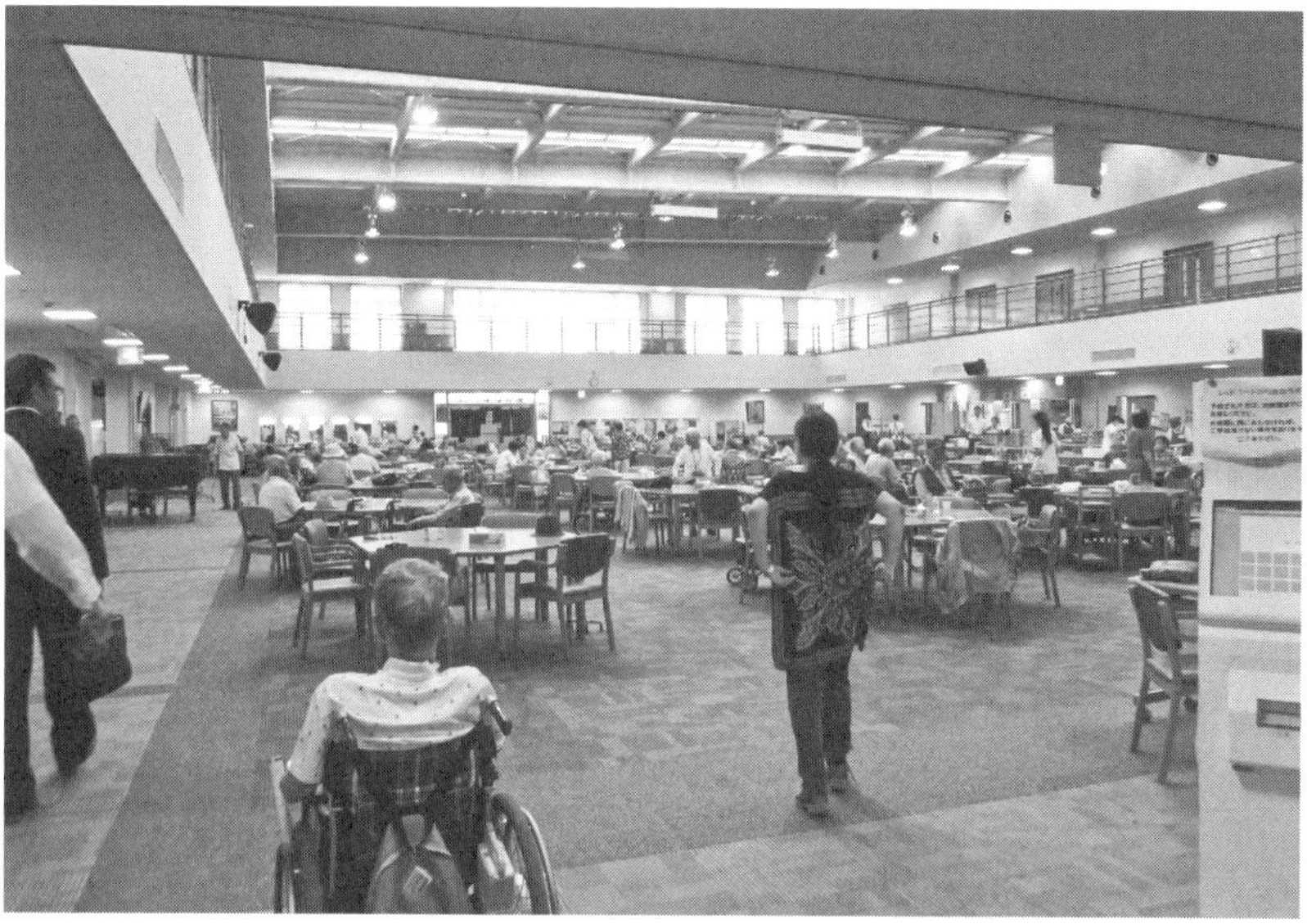

介護センターの１階にある広いフロアーで、利用者がくつろいでいるようす。

目標となっています。自ら考え、自ら動く、人間としての成長こそが大切なことだとして、毎週おこなわれる研修では、筒井社長自らが登壇し、繰り返し理念の浸透をはかることで、利用者や周囲の人の幸せのために尽くす社員づくりをめざしています。

高齢者世代も、世代交代の時代に入ってきています。今後は、団塊の世代が利用者の中心になるでしょう。この世代は、自分の趣味や趣向を大切にしてきた人が多く、必ずしも型通りのサービスや、御仕着せの一日には満足しないと考えられています。一人ひとりの生活を楽しみたい、そんな高齢者の受け皿になるセンターは、今後ますます必要になるでしょう。地域の高齢者に愛され、そして時代にあった地域の「オアシス」になる施設が増えていくことが望まれています。

まちのスーパー大家さん

ビレッジ開発

愛知県安城市

●ＡＫＢならぬＡＢＫとは

東海道新幹線の三河安城《みかわあんじょう》駅を降り立つと、駅前交番、植樹の脇、横断歩道などあちこちにきれいな花が目に入ります。しかもゴミなどが落ちていなく、きれいな環境が維持されています。

管理しているのはＡＫＢ《エーケービー》ならぬＡＢＫ《エービーケー》。「朝美活」の頭文字を取った名前の市民グループです。代表の野村豊美《のむらとよみ》さんは東日本大震災のあと、何か社会に貢献したいと考えていました。そんなとき、ツイッターに「ゴミが捨てられて、お店の周りが汚くなる」とつぶやかれていたのを見ました。

「お店の前にゴミが落ちてるなんて、きっと不愉快よね、来るお客さんだっていい気持ちがしないもの。私たちのまちだもの、ねぇ、みんなどう思う?」

「だったら拾えばいいじゃない」

だれからともなく発せられたこの言葉に仲間が賛同し、２０１１（平成23）年11月に5人で駅前の清掃活動をスタートしました。以来、毎月第1火曜日、朝の6時45分に集合し、三河安城駅の周辺を清掃しています。人気グループにあやかって仲間を48名まで増やしたいとＡＢＫと名付けたのですが、２０１６（平成28）年の平均参加者は今や58名にもなっています。任意であるにもかかわらず、早朝から多くの参加者を得て現在も継続していることには驚かされます。

野村さんは、このような充実した活動が継続できているのは、ある企業のサポートのお蔭だと感謝しています。その企業が、三河安城で不動産業を営むビレッジ開発です。三河安城駅から徒歩５、６分、商業地の一画に低層階のシックなたたずまいを見せている本社ビルがあります。

ビレッジ開発では、本社が刈谷《かりや》市にあったころから下村幸真《しもむらこうしん》社長自らが通勤途上に道路のごみを拾っていました。本社が三河安城に移転した１９９４（平成６）年からは社員が有志で毎朝40分程度の地域清掃をしていて、野村さんがＡＢＫの活動をスタートする際に「一緒にやりましょう」と合流しました。現在でもＡＢＫの事務局を同社が務めるなど、さまざまな支援をしています。もちろん、同社の毎朝の地域清掃も継続されています。

また、同社は協賛企業を募り、花を植えたプランターの設置も進めています。「日本一美しい街」のロゴが表示されたプランターが現在では２００個設置され、駅前に彩りを与えています。

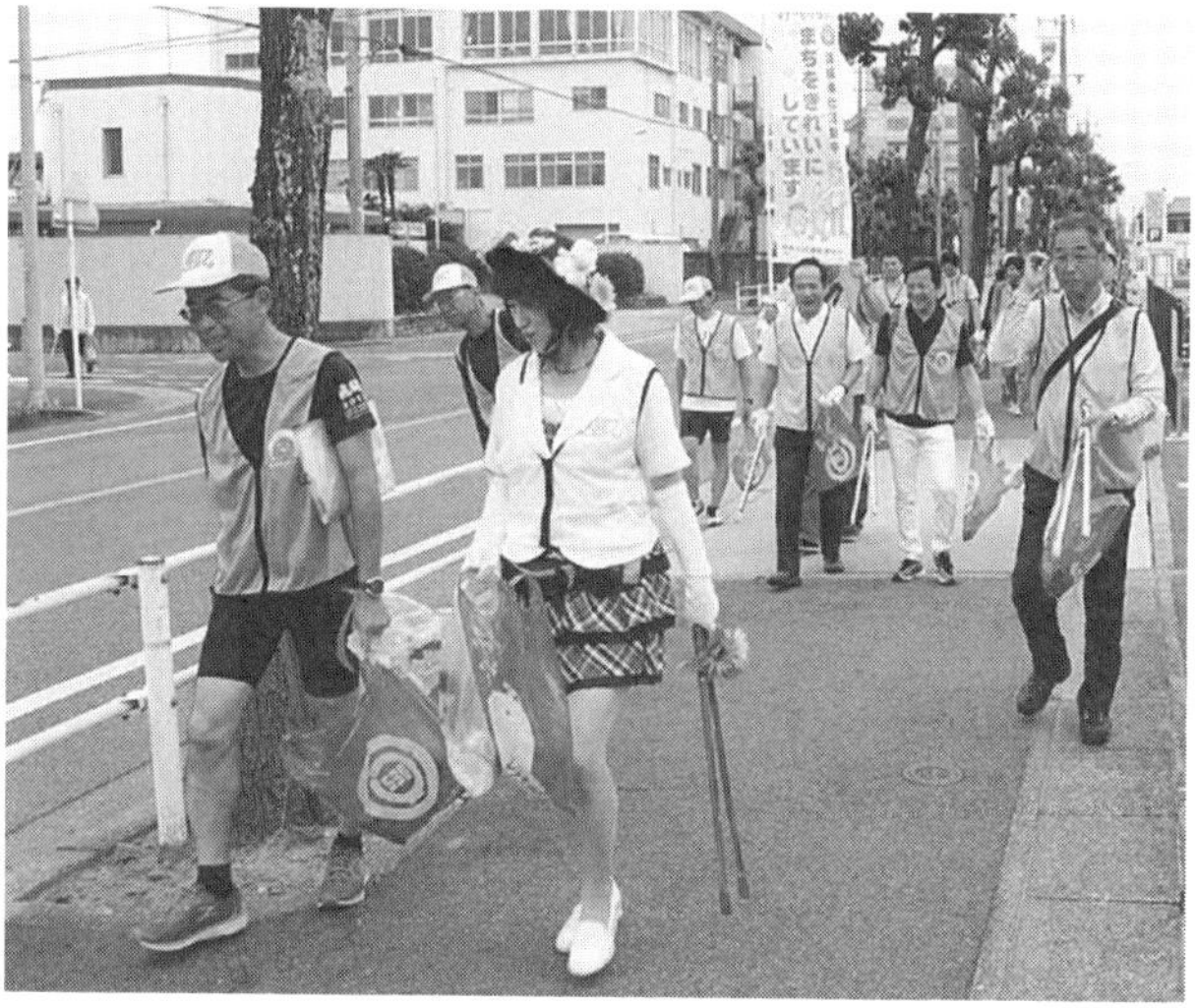

市民グループABKと共に早朝から三河安城駅周辺の美化活動を継続している。

●さまざまな地域貢献

ビレッジ開発の地域貢献は清掃美化活動にとどまりません。駅前の中心部にあるスポーツ・カルチャー複合施設の管理・運営にもかかわっています。ここは、もともとは社会保険庁がつくった施設で、茶道、書道、手芸、ダンス、ヨガ、スイミング、アスレチックなど、さまざまな講座が安い料金で開催され、市民、とくにお年寄りの娯楽の場となっていました。ところが、社会保険庁の運営基盤の悪化により全国の施設が売却されることになりました。安城市の同施設を競売の結果、落札したのがビレッジ開発です。２０１１（平成23）年に取得したあと、大会議室や欧風レストランなどを新設したのです。全国の同類の施設のなかには講座が維持できず、業態転換をしている施設も多数あります。しかし、安城市の施設「ぷらざ三河安城」では、現在も数多くの講座が開催され、社会保険庁時代に比べて赤字幅を大きく縮めることに成功しています。

同施設のヨガ講座を受講している生徒の一人は、「施設の名前が変わったのは知っていたけれど、社保庁からビレッジ開発に経営が移ったのはまったく知りませんでした。この講座を生き甲斐にしているので継続してくれてありがたいです」と話します。同地域には民間のスポーツクラブや教室なども あり、競争力激化のなか、経営的に講座の維持が難しいことは容易に想像がつきますが、ビレッジ開発では内容を変えるなど工夫して講座を維持しています。

下村社長は、「三河安城のまちが店舗や住宅街だけでは味気ないし、市民のコミュニティがなくなるのは残念なので、なんとか維持したい」と、まちづくりに使命感をもっているのです。

同社ではフットサルのコートの運営もしています。もともとは地域の企業からの希望があり、自社の社員用のテニスコートを改造してフットサルコートをつくりました。今ではここから日本一のチームが出るほどの活況となり、２０１７（平成29）年2月には現在の2面に加えて5面コートにします。

さらにビレッジ開発は、商店街でも中心的な役割を果たしています。下村社長の息子の幸作《こうさく》さんは「商店街マップ」の発案をし、編集役を務めるなど活躍しています。

地域のコミュニティ活動の場としての機能を維持している「プラザ三河安城」。ヨガや書道など各種教室を続けているほか（上）、子どもやお年寄りにとっても貴重な場となっている（中）。

●まちへの深い愛情と弱者支援

刈谷市に「パンドラの会」というNPO法人があります。障がいのある人たちが生き生きと生活できる社会を実現したいと、1996（平成8）年、身体に障がいのある子どもをもつ親たちが中心となり設立されました。子どもたちの自立支援のために何をすればよいのだろう……。手づくりのクッキーをつくって販売すればいいんじゃない？　クッキーなら出来るかも。でもどこでやればいいのかしら？　どこか場所を借りるとしてもお金がかかってしまっては……。夢の第一歩を踏み出すには場所がなければできません。どうしようかと母親たちが一生懸命場所を探していると、

「ここはどうですか？　家賃はみなさんが無理のない範囲の金額にしましょう」

と申し出た不動産屋が現れました。不動産屋はさらにこういいました。

「会が末永く続けられるよう、発展できるように運営のお手伝いをしましょう。うちの社員から理事を出しましょう」

そういったのは、ビレッジ開発の下村社長です。

こうして設立したパンドラの会は、今では「おかし工房パンドラ」という名前で、チーズケーキやチョコレートケーキ、クッキーやレストラン向けのスウィーツまで手掛けるほどになりました。ほかにもイタリアンレストラン、ビル清掃や手づくり石けんまで4つの事業所を運営、訓練生を含め50人を超えるスタッフを擁するNPO法人となっています。

「がんばっているのにうまくいかない人を見過ごせない」と下村社長はいいます。

「一生懸命やっても駄目なときが人間には必ずある。だから手を差し伸べたい。同じまちで暮らす困った人を助けたい。みんながよくなってはじめて、このまちは生き生きとなる！」

この熱意とまちに対する深い愛情がカルチャーセンターを守り、商店街を救い、弱者を支援する行動に結びついているのです。

このようにビレッジ開発は地域に根差したさまざまな社会貢献をしています。しかし、それだけにはとどまりません。不動産業として本業に根差した取り組みこそが、下村社長や同社のまちづくり貢献の真骨頂といえます。

●テナントの適材適所を考えて

あるとき、下村社長は同社のテナントである寿司屋の経営者からひどく叱られました。寿司屋の隣の敷地に大手回転寿司チェーン店を招き入れたからです。寿司屋の経営者から「うちを潰す気か。なぜ同業者を入れるのだ」と30分以上も説教されたといいます。もちろん、地元に根差した味自慢の寿司屋と大手の回転

ビレッジ開発が支援する「おかし工房パンドラ」。障がい者をパティシエに起用し、仕事と生き甲斐を提供している。

寿司チェーンは客層が異なり、おたがいに客を奪い合うことはないのを承知のうえで、下村社長はチェーン店を誘致したのです。

事実、結果として、その寿司屋は従来以上に繁盛しているとのことです。このようにテナントの経営者やビジネスを熟知したうえで、適材適所を心がけながら対応することが同社の特長でもあります。ただ、まちづくりを考えない大手のチェーン店も多いことが残念だと下村社長は話します。

不動産業を超えた使命

ビレッジ開発は不動産業ですが、その取引物件は、主に貸事務所、貸店舗、事業用不動産で、BtoB（企業間の取引）のビジネスです。お客さんには、土地柄ならではの大手製造業から商店街の個人事業主まで幅広い層がいます。そのなかでとくに中小企業のお客さんは、必ずしもビジネスが順調とは限りません。それは家賃の滞納というかたちで顕在化します。通常の不動産屋であれば、家賃を取り立て、滞納が続く場合は退去させる対応となりますが、ビレッジ開発は違います。一生懸命に取り組んでいる経営者にはとことん尽くします。たとえば、ある居酒屋の店主には昼間の仕事を紹介し、夜の居酒屋の経営とのダブルインカムで経営を安定させました。

テナントのなかには明らかにビジネスに向いていない経営者もいます。そのような経営者には、銀行や金融業者と交渉して負債を整理したうえで廃業させ、就職を世話したこともあります。また、ビジネスの才能はあってもギャンブル依存症の経営者もいます。そのような経営者には、ギャンブル禁止の誓約書を取って支援を継続した事例もあります。

下村社長は、経営者を支援する判断基準は、一生懸命やっているか否かだといいます。その判断のためには経営者はもちろん、経営者の配偶者や家族と面談することもあるそうです。

このように同社がほかの不動産屋と異なるのは、経営者と密接な関係をもっていることと経営支援体制です。そのためにも社員には資格をもつ者が多く、宅地建物取引士24人は当然のこと、中小企業診断士や社会保険労務士などの資格を取得した者もいるし、さらなる増員を図るために社内勉強会を実施しています。また、会社として中小企業に対して専門性の高い支援事業をおこなう「経営革新等支援機関」の認定も受けています。さらに、毎月、社外講師を招いて経営セミナーを開催し、社員のみならず一般の人たちにも開放するなど、経営者支援体制の強化を図っています。

豆知識

経営革新等支援機関

2012年、中小企業支援をおこなう支援事業の担い手の多様化・活性化を図るために「中小企業経営力強化支援法」が施行され、中小企業や小規模事業者に対して専門性の高い支援事業をおこなう経営革新等支援機関を認定する制度が創設されました。

これは国が認定する公的な支援機関で、専門知識や実務経験が一定レベル以上の者に対して与えられるものです。全国では約2万5000か所の機関が認定されています。具体的には、商工会や商工会議所、金融機関、税理士、公認会計士、弁護士などで、不動産業が認定されるのはめずらしいケースです。企業間ビジネスに特化したビレッジ開発ならではといえます。

●なぜ困っている経営者を助けるのか

どうして下村社長は、ここまで困っている経営者を支援するのでしょうか。その答えは想像を絶する下村社長の過去の経験にあります。下村社長は苦学の末に26歳で建設業を創業し、最盛期には300人を超える社員がいたといいます。

大きな転換期は1988（昭和63）年、三河安城駅が東海道新幹線の新駅として開業する時期にやってきます。新駅開業のための視察として東京の森ビルを訪問した下村社長は、衝撃を受けました。だれがビルを建設したか、建築会社の名前はまったく出てこないのに、デベロッパー（開発業者）の名前はビルの名前として永久に残るのです。この発見が不動産業へとシフトする契機となりました。折しもバブル景気のなかでの新幹線駅の開業とあって、銀行は湯水のように融資し、下村社長はその資金をもとに土地買収に明け暮れました。そして、その後のバブル崩壊。

ご多分に漏れず大打撃を受け、下村社長は100億円を超える負債を抱えました。さらに悪いことに取引銀行が再編され、手のひらを返したように支援が止まってしまったのです。土地や財産を手放して返済しましたが、なお多くの負債が残りました。それでも何とかやりくりをして社員をリストラすることはなかったといいます。ただ、下村社長の個人負債は残りました。下村社長は今も返済を続けています。

この経験こそが、下村社長が困っている経営者に対してとことん優しく支援する理由です。このどん底のときに学んだことが、「フロー型ビジネス」より「ストック型ビジネス」、つまり家賃収入で安定した収益を確保することでした。これが、現在のビジネスモデルとなっています。下村社長は、「こんな昔のことは今では知らない社員も多い」と穏やかに語りますが、なみたいていの苦労ではなかっただろうと想像できます。

将来の夢

2014（平成26）年、ビレッジ開発は創立40年を迎えました。その際に創立50年をめざして公表したのが、複合施設「ビレッジランド」構想です。

敷地面積約9万9000平方メートルのなかに、果樹園、畑、オフィス、公園、スポーツ施設、託児所、幼稚園・保育所、医療・福祉施設、レストラン、映画館などを建設するというものです。駐車場はエリア外に設け、なかはウォーキングなどが楽しめるようにする夢のある複合施設です。実現に向け、今は土地の確保など着実に事業を進めています。

穏やかながら熱く想いを語る下村幸真社長。

「不動産業よりもお客様を助けることが楽しい」と下村社長は語ります。つねに地元が繁栄することを願って、「日本一美しいまちづくり」や、テナントの適材適所を考えた不動産賃貸、困っている経営者支援に取り組んでいるビレッジ開発は、まさに「まちのスーパー大家さん」といえます。

家族が集うあたたかい家をつくりたい

びわこホーム

滋賀県甲賀市

●建築棟数、14年連続で地域ナンバーワン！

JR近江《おうみ》八幡《はちまん》駅から車で30分ほど走ると、高度成長期に計画された大規模分譲地や大手製造業の工業団地が目につくようになります。そこには、住宅会社びわこホームが建築した家がたくさん見られます。びわこホームの創業者であり、会長をつとめる上田《うえだ》裕康《ひろやす》さんは、和歌山県出身でありながら、縁もゆかりもないこの地を選んで創業し、地域の人たちに支持される経営をしてきました。

びわこホームのモデルハウスや、建設途中の家を訪問すると、その周辺に住む人たちや、建築現場で働く人たちへの愛情を肌で感じることができます。

たとえば、建築途中の家の前には、びわこホームの大工職人の顔が映った等身大の大きな写真が名前といっしょに貼られています。さらにはその職人の好きな言葉が書かれた垂れ幕もあり、道行く人たちの目を引きます。木造の家は、大工職人の腕次第で決まるといわれていますが、びわこホームでは、匠の技だけが重要だとは考えていません。大工職人の志や心意気と、お客さんの思いが一体化することで、天下一品の住宅が生まれるという考え方を大切にしています。そのため、実際にその家を造る大工職人を前面に出しているのです。縁あって注文を受けたお客さんに少しでも喜んでほしい。感動してほしい。自分たちの家を建てて住むことで家族全員が最高の幸せを手にしてほしい。そして笑顔と喜びが絶えない人生の役に立ちたいと願うびわこホームの思いが、建設現場から伝わってきます。

こうした取り組みは、発注したお客さんが安心するだけではありません。職人の家族も、実際に現場で働く「かっこいいお父さん」と、現場に掲載されている写真や垂れ幕を見て尊敬するようになります。その写真を見た学校帰りの子どもたちが、「僕も将来大工さんになろうかなー」と話しているのを耳にした人もいるといいます。

地元に徹底的に密着するびわこホームは、10年以上にわたって、甲賀地区で新築着工ナンバーワンの建築棟数を誇り、同地区での土地の取扱いシェアが77パーセントという驚異的な実績を残しています。

●びわこホーム創業の原点

会長の上田さんには、いつも脳裏に焼きついて離れない出来事があります。社会に出て、不動産・建築業の営業として勤め始めたころのことです。

じつは、上田さんは10歳のときに父親を亡くし、その

びわこホームが建築中の家。自慢の職人たちの顔が映った大きな写真や垂れ幕が目立つ。

後、母親が身体の障がいを抱えながらも女手一つで上田さんら3人の兄弟を育てたという生い立ちをもっています。手に職をつけて、母親に一日も早く恩返しがしたい。そう考えていた上田さんは、営業成果をあげなくてはと、一日に多いときは300件以上も飛び込みで顧客訪問を続けていました。約束もなく訪問するのですから、門前払いをされることも多く、心が折れそうになるときも少なくありません。

そんな寒い冬のある日、小さなアパートを一軒一軒訪問し、軒並み門前払いされるなか、「寒いのに大変ですね」と、ドアを開けて玄関先に招き入れ、お茶まで出してくれた奥さんがいました。上田さんは、ここぞとばかり、物件の話をしました。するとその女性は、悲しそうな顔をして小さな声で呟きました。

「ごめんね……私も子どものために家をほしいんやけど、母子家庭だから仕事を休むことも多くて、給料も安いし生活していくのがやっとなの……お兄ちゃんごめんね」

上田さんには、目の前にいる奥さんが自分の母親と重なり、涙があふれ出て止まりませんでした。この出来事が、母子家庭であっても家族が幸せに暮らせる住宅がつくれないかという強い思いを上田さんの心に植えつけました。しかし、上田さんは一介のサラリーマンです。勤め人では、会社で決められた物件を売ることしかできません。その日を境に上田さんは、こうした家族が幸せに暮らし、ひとつ屋根の下で希望を語れる家をつくって売りたいと、自ら起業することを決心したのです。

●創業者が地域にこだわる理由

近い将来に独立したいと考えた上田さんは、創業の地を決めるため、営業をしながら琵琶湖周辺を車で走り回りました。しかし、住宅会社にとって魅力的な地域は、すでに大手住宅メーカーがひしめき、とても新参者が入り込む余地などありません。上田さんは仕方なく、範囲を広げることにしました。すると、高度成長期に開発され、ほぼ手つかずの状態になっている大規模分譲地があることに気付きました。土地の所有者に聞くと、売れるならいくらででも売りたいという返事です。これならサラリーマン時代にコツコツと貯めてきた自分の資金でも、何とか土地は取得できると上田さんは考えました。しかし、いくらでもいいと土地の所有者がいうくらいですから、分譲地は荒れ放題です。雑草が伸びているというレベルではなく、森のような様相を呈していました。どこまでが道路で、どこまでが隣の敷地かもわかりません。そんな状態で業者に整地を依頼すれば、土地は安くても整備に莫大な費用がかかることは容易に予想できました。ともあれ、こうしてわずかでしたが、念願の住宅用地を手に入れたのです。

上田さんの最初の仕事は、草刈りでした。それもただの草刈りではなく、大きな樹木の伐採も自分でおこないました。ようやく人に見てもらえるような状態にしてから、本来の営業活動を始めました。しかし、荒れ地を整地して広告を出しても、問い合わせてくる人はいません。一軒一軒訪問しても同じで、まったく相手にされませんでした。

不安と期待が入り混じった気持ちで車を走らせていると、ある企業の社宅のベランダに、子供服がところせましと干されている光景が目に入りました。それを見た上田さんは、近隣の工業団地に住む、社宅が手狭になった若い家族に、ゆったりとした気持ちで子育てをしてもらおうと思いつきます。社宅に住む世帯に熱心に声をかけてみると、現地案内のアポイントが取れはじめました。しかし、いざお客さんを車に乗せて案内すると、乗車前には高かった期待が、現地に近づくにつれてどんどん低くなっていくのがわかります。なかには、現地を見ずに途中で引き返してほしいというお客さんまであらわれる始末です。

自然豊かな環境が、お客さんの想像をはるかに超えていたのです。しかし、上田さんはあきらめませんでした。商圏エリアは完全な車社会。一見不便なようでも車で移動できれば、スーパーなどへ行くのにたいして時間もかかりません。上田さんは、主要施設までの距離や時間を測り、そのことを事前に丹念にお客さんに説明する営業活動を続けました。

やがて努力が実るときが来ました。最初に購入する決断をしたお客さんは、九州出身の人です。お客さん自身が子どものころ自分の足で何十分と歩いて小学校まで通っていたので、不便な土地でも好意をもったのです。しかも「この環境なら誰にも気兼ねなくカラオケができる」という言葉を聞き、お客さんのなかにはあえて不便なところを求める人もいることがわかりました。

こうして、びわこホームのビジネススタイルが確立されました。土地の所有者さえもあきらめていた荒れ果てた土地を再生させ、地域に人をよび込んだのです。ないないづくしで創業し、その悪条件を逆に自社の強みに転換したのです。

●お客さんの要望に応える住宅建築へ

　びわこホームは、当初、不動産の売買を中心に活動していました。地域にこだわって取り組んだ結果、甲賀《こうが》・蒲生《がもう》・湖南《こなん》地域の物件販売占有率が77パーセントを占めるほどになっています。あるとき、お客さんから「土地だけではなく家を建ててくれないの?」という要望がありました。以前から土地の売買だけでは創業時の思いを実現できないと思っていた上田さんは、ここぞとばかり「喜んでお手伝いさせていただきます!」と快諾しました。

　最初のうちは、住宅の建設や売買は建築業者を紹介しながら共同作業として展開していました。しかし、「あなたのような人に住宅も立ててほしい」といった要望が次第に増えていき、創業16年目の2006(平成18)年、上田さんは自社に建築部門を設置しました。売上げや利益の増加を目的に事業を拡大する企業は多いですが、地域のお客さんに強く要請されて新規事業に参入する企業は、そう多くはありません。これを機に、びわこホームは土地・中古住宅の売買だけでなく、新築住宅の建築・販売までおこなうようになりました。それぞれの分野の専門家がトータルにアドバイスして、お客さんが納得のいくまで、何度も何度も家を建てる候補地を案内します。軟弱な地盤に建物を建ててしまうと不同沈下(建物が不ぞろいに沈下を起こすこと)を引き起こし、住宅が損傷してしまうおそれがあるため、地盤調査も徹底的におこないます。

　さらにびわこホームでは、規格住宅メーカーのように、工場で住宅部材を造り、現場に運んで組み立てる工法はしません。日本に古来から伝わる木造建築工法を身に付けた大工職人が、一つひとつの木材にこだわり、現場でカンナをかけながら、一軒一軒ていねいにつくるのです。

また、引き渡しが完了したあとのアフターサービスもとても重視しています。メンテナンス診断士、建築士の資格をもったプロのハウスドクターが、築後10年間で9回の無料点検をします。これとは別に、問題があってもなくても各担当スタッフが2か月に1回、販売や修理をした家をアフター訪問します。

こうしてていねいに造られた住宅は、長期優良住宅の指定を受けています。長期優良住宅は、一般住宅とは別に、さまざまな税制優遇や、住宅ローンの供給支援を受けることができます。また、長持ちするので数世代にわたって住み続けられ、良好な住環境で過ごせるうえに、中古住宅として売買するときに有利になります。

こうした誠実で地道な活動によって、戸建て住宅市場での地域ナンバーワンを獲得し、びわこホームの知名度も年々高まっていきました。うわさを聞きつけ、地域外から住宅新築やサービスの要請が多々あるといいます。しかし上田さんは、商圏を広げるつもりはないと断言します。森のような土地の草刈りからスタートし、地縁・血縁のない自分を評価し育ててくれた甲賀の地域への強い思い入れがあるからです。

●お世話になっている地域とのつながり

びわこホームでは、毎年、地域をよりよくしたいという思いで、本社を会場に夏祭りを開催しています。内容は、大抽選会、屋台、フリーマーケット、丸太切り大会などのステージイベント、プリザーブドフラワーなどの体験コーナーなどです。対象は、施主や商談中のお客さん、そして近隣住民の人たちです。参加者は3000人ほどとかなりの数です。来場したお客さん同士が仲良くなり、地域の人たちの交流の場にもなっています。

夏祭りでは、大工作業などを体験できるイベントもある。

始めたきっかけは、お世話になっている地域に恩返しをしたいという感謝の気持ちからです。同時に、土、日曜の営業時やイベント時に、近隣の道路を渋滞させてしまい、地域の人たちに迷惑をかけているので、少しでも役に立つことをしたいという思いもあります。

ほかにも、毎日早朝、全社員で、会社の近隣100メートル前後を清掃する活動があります。月に1度は範囲をさらに拡大し、1キロメートルの範囲を清掃しています。これには大工職人なども含めて総勢80名ほどが参加します。目的は、夏祭り同様に、地域をよくしたい、地域に恩返しがしたい、地域を美しくしたいという思いと、地域の人たちから「ありがとう」といわれるのが嬉しいからです。上田さんは、人のために汗を流せる社員が集まってくれていることに感謝しています。奉仕をすること、喜んでもらうことに意義を感じる会社にしたいといった思いがことさら強いからです。

この清掃活動は、地域から喜ばれるだけでなく、社員同士のコミュニケーションの場にもなっています。普段あまり交流のない部署の人たちとも、清掃活動を通じて語り合えます。

上田さんは、創業当初から現場に立ち続け、地域の人たちから「がんばれよ」と声をかけられました。くじけそうなつらいときでもその声に励まされ、今日を迎えることができたといいます。その恩を返すために、甲賀のまちをキレイにして、まちに人や家族を増やし、地域を繁栄させたいと考えているのです。

●社員のおかげで社長の今がある

上田さんは、社員をあえて『社員さん』とよびます。お客さんと実際に会って苦労しているのは、すべて社員であるという謙虚な気持ちがあるからです。

上田さんにとって忘れられない出来事があります。会社の売上げが伸び悩んでいたある時期、上田さんは経営者セミナーに出かけました。そこで社員への愚痴を口にする上田さんに対して、セミナーを担当していたトレーナーは、次のようにいいました。

「あなたが平日にこのセミナーにこられるのは、あなたの会社の社員さんが、留守のあいだも一生懸命働いてくれているからでしょう」

この言葉に、上田さんは、頭を金槌で殴られたような衝撃を受けたといいます。会社を一日も早く軌道に乗せようと、知らず知らずのうちに、売上げ第一主義に走っていた上田さんは、何のために、この会社を始めたのかを改めて振り返らざるを得なくなりました。

このセミナーをきっかけに、上田さんの社員に対する接し方が大きく変わりました。社員が喜ぶだろうと思う取組みを次々とスタートさせます。そのひとつが社員投票による毎月の「ピカイチさん」の表彰です。この賞は1か月の仕事を通じ、もっとも輝いていた人に贈られるものです。一年間の最後の会議では、年間ピカイチさんに大きなトロフィーが贈られます。

新卒採用においては、全国各地の大学から応募がありますが、Uターンで地元に戻ってくる学生が大半です。地元出身の社員の期待を裏切るわけにはいきません。入社後、こんなはずではなかったとならないように、説明会ではいい面も悪い面も正直に話します。

毎月の「ピカイチさん」大集合。前列左から2番目が上田社長。

●無理な販売をしないことで好循環

住宅メーカーとして地域のさまざまな情報を得ることはとても大切です。新たな不動産情報や企業の進出情報などは営業活動において重要になります。それらを得るためには、社員一人ひとりがやりがいをもって長く働いてもらわなければなりません。

びわこホームでは、業界では当たり前の歩合給を廃止してしまいました。その理由は、社員が歩合に惹かれて、自分に都合のいい提案をしてしまうからです。また、営業各人が個人商店となってしまって自己中心的な雰囲気となり、社員間で足の引っ張り合いも起きていたからです。

歩合給の廃止は、それほど順調にいったわけではありません。歩合給の功罪を社員に十分説明しましたが理解を得られず、辞めていった社員もいます。しかし、残った社員はみんな、お客さんや社員（仲間）を大切に考える人たちでした。会社は家族であり、成果

豆知識　歩合給

営業職には、基本給＋歩合給で働く場合が多くあります。歩合給とは、かんたんにいうと、売った分だけ給料が増えるという仕組みです。

歩合給にもいろいろ仕組みがあり、営業目標を達成したら××円というごほうび型のものや、1件の成約につき成約金の△パーセントという成果型のものなどがあります。とくに後者のタイプは、基本給を低く設定して、売上や業績が給料に大きく反映されるかたちをとることが多いです。モチベーションアップにつながりますが、同じ商品を同じ会社のほかの営業マンが売ってしまえば、収入が減ってしまいます。そのため、他社だけでなく、社内の営業マンも競争相手になってしまうのです。

は社員全員で分かち合うといった全員経営にシフトした結果、部門間を超えた助け合いが生まれるようになってきました。社員の定着率がよくなったうえに、一人ひとりのお客さんを担当者個人のお客さんではなく、会社全体のお客さんとして「おもてなし」できるようになりました。

上田さんの理想は「御神輿《おみこし》経営」だといいます。社員全員でお客さんという御神輿を担ぎあげる。そこには、直接部門も間接部門もない。そんな会社の風土づくりが重要だといいます。こうした取り組みにより、お客さんとも末永く親密な付き合いができるばかりか、「ホット・ナマ・ミクロ」の地域情報も入ってきて、次の仕事につながるといった好循環ができると確信しているのです。

今では社員の結婚式などに、住宅の注文をしたお客さんが出席することも多々あるといいます。会社が、その社員がいかに地域の人たちと交流が深いかわかります。

上田さんの近い将来の夢は、今働いている社員の子どもや、地域のお客さんの子どもを雇用することです。

家族の「幸せづくり」のお手伝いをしたいと、社員全員で家づくりに取り組む。

364日、夜10時まで診療する歯科医院

医療法人誠仁会
りょうき歯科クリニック

大阪府東大阪市

地域の人たちにも総合歯科医療を

大阪府内では大阪市、堺《さかい》市に次いで3番目の人口を擁する東大阪市に、りょうき歯科クリニック（以下りょうき歯科）という歯科医院があります。

歯科医院といえば、日本国内でコンビニエンスストアより数が多いことはあまり知られていません。大阪府内にある歯科医院は5544施設（「医療施設動態調査」厚生労働省　2015年6月末現在）、コンビニエンスストアは3800店程度と、歯科医院はコンビニエンスストアの約1・5倍あり、まさに競争の激しい業界のひとつといえます。このような業界で、地域に密着した患者さん志向を貫いているのが、りょうき歯科です。

りょうき歯科の理事長を務める領木《りょうき》誠一《せいいち》さんは、中学2年のときに「将来は大学で勉強したことを直接職業に活かしたい」と思って医学部か歯学部のどちらに行くか迷った末に、比較的早く開業ができる歯科医の道に進みました。5年間の歯科医院での勤務を経たのち、1993（平成5）年9月、30歳のときに、自宅兼診療所を現在の場所に建てました。

開院当初は、ドクターは領木さんのみで、スタッフ3人、診療台は4台とこぢんまりとした診療

所でした。領木さんは、月曜日から土曜日までは診療、休みの日曜日にはカルテの確認と、クリニックの経営者とドクターというふたつの役割をこなしながら、365日休みなく仕事をしました。それが現在では、ドクター19人のほか歯科衛生士などを含めた総勢82人のスタッフで、一般歯科、インプラント、矯正歯科、審美歯科、小児歯科、口腔外科などを手がけるほど、歯科医院としては大規模になりました。

ここまで大きくなったのは、領木さんの強い思いがあったからです。りょうき歯科は、都心ではなく郊外の、大きな通りから少し離れたところにあります。最寄駅からは徒歩で10分ほどかかります。高齢者をはじめ地域の人たちは、都心へ通院できる人ばかりではありません。地域の人たちが、いつも通える歯科医院で、高度かつ専門的な治療が受けられるクリニックがあれば、というのが領木さんの願いで

総合歯科医院のような、りょうき歯科の建物。1、2階が診療室で、11台の診療台（うち個室3部屋）がある。3階はドクター向けのリラクゼーションルーム（→P191）。

す。地元で歯科大学附属病院のような歯科治療を総合的におこなうことができる診療所、いわば「総合歯科医療クリニック」をめざしているのはそのためです。

20年間続けている高齢者への訪問診療

「口から食べ物を入れるのを医者から止められたのですが、亡くなる1週間前まで、普通に炊いたご飯も大好きなお刺身も食べることができました。本人も喜んでいたと思います。本当にありがとうございました」

これは、訪問診療患者さんの家族の声です。りょうき歯科では、寝たきりの高齢者など来院が難しい人の個人宅、および老人ホーム、病院、障がい者施設など41施設に20年間訪問診療をおこなっています。診療の地域は、ほぼ大阪府全域をカバーします。訪問診療では、歯科医師と歯科衛生士など3～4人でチームを組んで、一日平均60人ほどの患者さんの治療にあたり、歯科医師13人（非常勤含む）、歯科衛生士8人（非常勤含む）など総勢32人がサポートしています。

訪問診療を始めたきっかけは、領木さんが入院中の祖母から

訪問診療車は５台。チームごとに分かれて訪問する。１台は緊急用に残し、ほぼ毎日４台の診療車が稼働している。

訪問診療の相談を受けて、自らがお昼の時間などを使って、一人で診療対応したことでした。少しずつ病院内でほかの診療希望者が増えていき、それに応じて人員増強をして、今のような体制になりました。

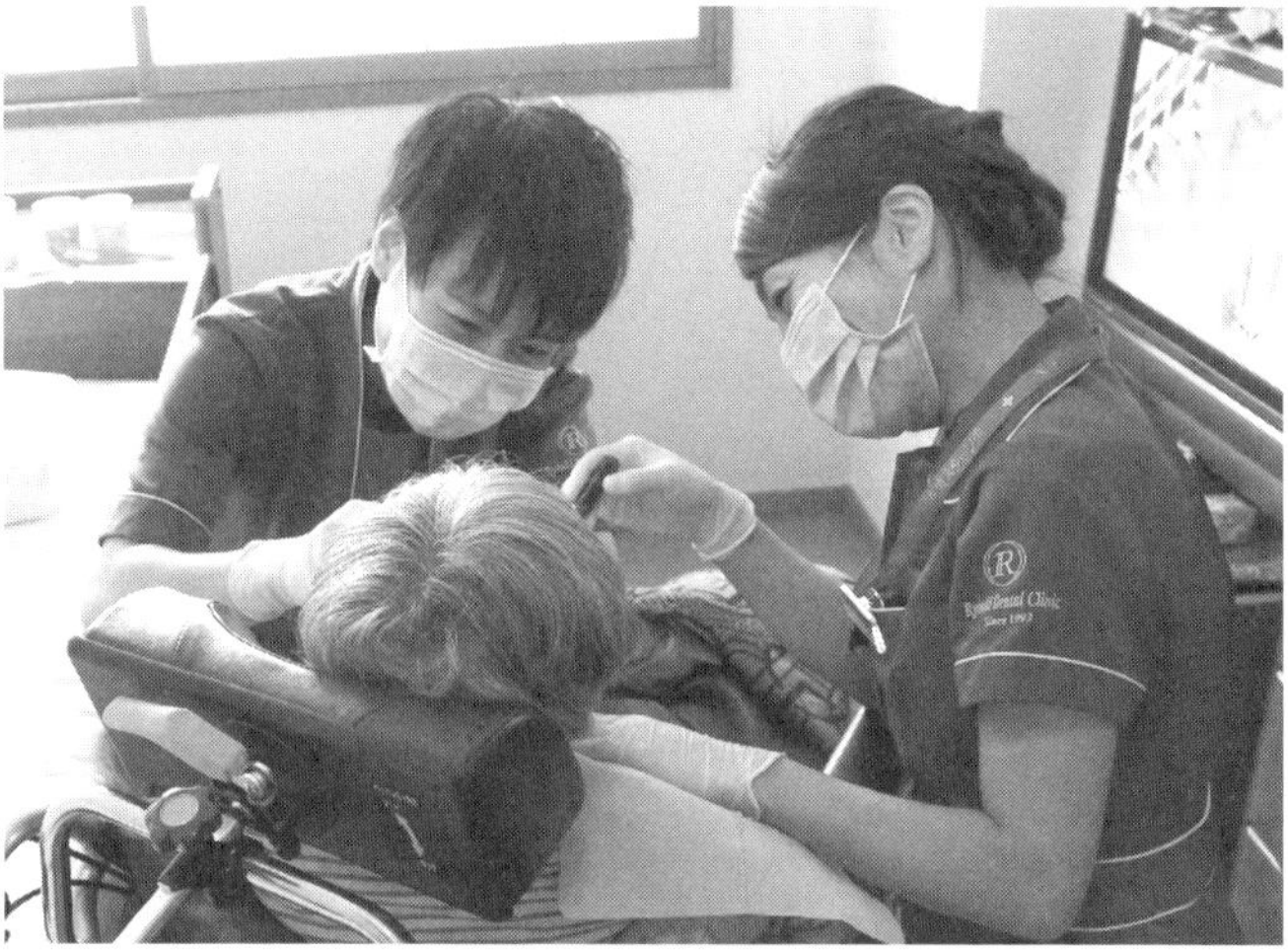
訪問先での治療は、コミュニケーションも重要。しっかりと「かんで食べる」ことが高齢者の生き甲斐になるだけでなく、健康に大きな影響を与えることを伝える。

訪問診療の患者さんの内訳は、おおよそ8割が老人ホームやグループホームといった施設、残り2割が個人宅の患者さんです。訪問歯科のある歯科医院はまだまだ少ないですが、りょうき歯科では、日曜日や祝日も訪問診療をおこなっています。さらに緊急時には、24時間以内に訪問できるような態勢をとっています。これらの取り組みは、一生涯、患者さんと付き合いをしていくという強い決意の表れでもあります

また、高齢で一人では通院が難しい人には、無料の送迎サービスも提供しています。高齢者など体に不自由のある人にとっては大変ありがたいサービスです。地域住民にとって、りょうき歯科はかけがえのない存在となっています。

患者さんの負担を大幅に軽減

りょうき歯科では、CERECシステム（CEramic REConstruction＝コンピュータ制御によって歯の修復物を設計・製作するシステム）という医療機器を導入したことで、患者さんの時間的な負担を大きく軽減しました。この機器で患部の歯をスキャンし、データを取り、ミリングマシンに送ることで、精度の高い歯の詰め物やかぶせ物ができるのです。万が一、その歯が欠けたり折れたりしても、データを保存してあるので、1時間後には同じものが完成します。つまり、患者さんは従来のように、仮歯製作から詰め物やかぶせ物の完成まで1週間から10日といった期間を要することはありません。このミリングマシンも、投資金額の高さから、全国の歯科診療所での導入率はわずか3パーセント程度といわれています。「他院ではやらないから当院はやる」というのが領木さんの決断です。患者さんの負担軽減にとどまらず、歯科医師にとっても、最先端の医療機器をつかって治療を学びたいという向上心をかきたてることにつながっています。

最先端の医療機器を導入。歯の詰め物やかぶせ物をセラミックブロックから削り出す機械（ミリングマシン）。

日本一のおもてなしができる歯科医院をめざす

りょうき歯科には、患者さんへの心遣いが感じられる取り組みがほかにもあります。

そのひとつが、患者さんが歯科医師には相談しにくい話をすることができ、歯科治療の不安を和らげるインフォームドカウンセラーの存在です。落ち着いた雰囲気のカウンセリングルームで、歯に関する悩みや治療の相談などをおこないます。

また、院内にはキッズルームがあり、保育士の免許をもつスタッフがいます。もともと2階の自宅へ上がるための家族専用玄関だった場所をリフォームして、キッズルームをつくりました。「キッズルームにカメラを設置して子どものようすをモニターで見せましょう」というスタッフからの提案を受け、今では、治療中の患者さんの診療台のわきにモニターを置き、子どものようすを見ることができるようにしています。これで患者さんは、安心して治療に専念できます。

さらには、麻酔注射や歯科治療の痛みが苦手な人のために、無痛治療を心がけています。麻酔注射の前に表面麻酔をすることで、針が刺さる痛みを感じさせないようにした

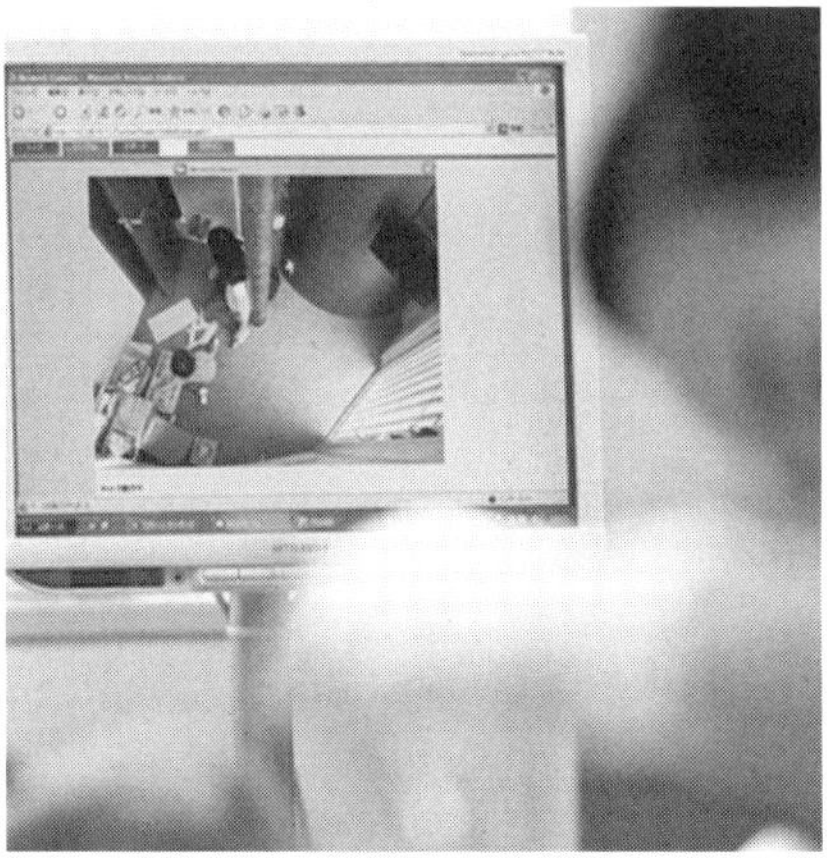

診療台のわきにあるモニターには、キッズルームのようすが映し出される。

子連れでも安心して治療が受けられるようにキッズルームを完備。

り、麻酔液が冷たいと痛みを感じやすいため、あらかじめ温めておいたりするなどの工夫をしています。麻酔専門医によって、精神をリラックスさせる薬を点滴で導入する静脈内鎮静法という方法もおこなっています。

実は、りょうき歯科は元旦を除く年間364日診療、さらに仕事を終えたビジネスパーソンが治療に通えるように、月曜日から土曜日までは夜10時まで診療をしています。これらはすべて、患者さんからの要望を受けて実現させたものです。364日診療に転換する際、院内では反発や抵抗もありました。しかし、領木さんは根気強くスタッフとの意見交換を続け、ていねいに時間をかけ、半年ほどかかって実現させました。患者さんの声を真摯に受け止め、しっかりとサービスに反映させ、歯科診療の業界で「おもてなし日本一」になるという領木さんの強い決意が表れています。

患者さんの満足度は、①紹介率、②中断率、③定期検診率、④キャンセル率、⑤自費率の5つの指標で測定し、毎月、スタッフ全員でこの指標の進捗状況を確認します。

「たとえ、ある治療の専門家で、同業のドクターからその知識、技術力を絶賛されていたとしても、もし患者さんが『痛かった』といったら、患者さんの評価のほうを優先します。当院はサービス業です」と領木さんはいい切ります。

●理念の前に風土づくり

領木さんは、創業時から患者の側に立った診療が提供できるように心がけていました。経営理念は、「りょうき歯科クリニックに出会えて良かった」と思ってもらうことです。シンプルな言葉ですが、普通、歯医者さんにはなかなか行きたがらないところを「出会えて良かった」と感じてもらうには、スタッフ全員に患者さんの満足をめざすサービス精神と継続的な努力が求められます。

領木さんには、開業間もないころ、スタッフの気持ちを十分に考える余裕もなく、大切なスタッフが相次いで離職してしまった苦い思い出があります。「理念を掲げても、仲間たちとの信頼関係が十分に構築できていないと浸透しない。まずは風土づくりが大事だ」と気づいた領木さんは、徹底して経営の品質向上をめざしました。開院して9年目の2002（平成14）年に、理念を実現させる行動指針として、①無痛治療の実践、②よく説明し納得できる治療、③医療技術の研鑽、④予防概念の定着、⑤滅菌衛生管理、整理・整頓、⑥仕事を通してのスタッフの充実感の獲得、の6つを目標として掲げ、実行していったのです。

「理念の浸透はまだまだこれから」と語る領木さんですが、自身が作成した20項目のクレド（志をあらわした文言）を毎朝スタッフ全員で唱和し、風土づくりを図る取り組みを続けています。

●スタッフが働きやすい環境づくりを推進

ある患者さんがアンケートに書いた内容を紹介します。

「かみ合わせや虫歯など、治療するところが多数あり、それらを一度に治せる歯科医院を探してりょうき歯科にたどり着きました。毎回治療後に感想を聞いていただき、次回の治療も説明していただいたおかげで、いつもすっきりした気分でした。普通なら二度と行きたくないと思う歯科医院ですが、治療が終わるのが淋しいと思わせてくれるスタッフ、医師、助手の方々の対応、技術すべてがすばらしいと思います」

このような感謝の言葉がもらえるのは、診療にあたるドクター、スタッフが職場で高い満足度を得ているからにほかなりません。

クリニックの最上階の3階にはドクター向け、別棟3階には女性スタッフ向けのリラクゼーションルームがあります。そこにはキッチン、冷蔵庫、パソコン、プリンターなどが完備されていて、休憩をとったり、事務処理ができる環境になっています。

また、２０１５（平成27）年秋から、スタッフの勤務体制の見直しに着手し、9時から18時半と、13時から22時のツーシフト制にしました。最初のシフトのチームは、機材のあと片付けなどが不要なため、すぐに帰ることができます。後半のシフトになったチームには、夜10時には手配したタクシーがクリニックの前で待機していて、医院の最寄り駅まで送ります。全員が週40時間勤務で、残業はほとんどありません。

研修制度では、スタッフおよび外部講師による院内でのセミナーのほか、外部の有料研修参加の場合には受講費用の補助制度といった、スタッフのスキルアップを応援しています。スタッフ満足度は、年に1回、45項目の質問からなる組織力アンケート調査を実施し、満足度向上を目的とする委員会で、状況把握および達成に向けた活動をおこなっています。

領木さんがスタッフを大切にするのは、スタッフに幸せな人生を歩んでほしいとの思いからです。領木さんの考える「幸せ」とは「やりがいのある職場（仕事）」「幸せな家庭」「趣味」「教養」「健康」の5つのバランスが取れていることです。スタッフの幸せのために、やりがいのある仕事、安心して仕事に取り組める環境整備に積極的に取り組んでいます。

経営理念である「りょうき歯科クリニックに出会えて良かった」は、患者さんだけでなく、患者さんの幸せと健康のために働くドクター、スタッフにも感じてもらいたいとの、領木さんの心底からの思いが込められています。

診療終了後の患者さんの声を励みに、さらなるサービスの向上をはかる。

女性スタッフ向けのリラクゼーションルーム。

ドクター向けのリフレッシュルーム。勉強やミーティング、講演や勉強会の発表資料作成などにも使用される。

●優秀なドクターを輩出する経営者の道に

2017（平成29）年5月には、現在のクリニック近くに、4階建てのクリニックが建設される予定です。20台の診療台（うち個室7部屋）が設置される予定で、スタッフも100人程度になるといいます。領木さんの理想とする、歯科治療を総合的におこなうことができる「総合歯科医療クリニック」は、より一層の充実を見せています。

「正しいことをいうのがリーダーではない。正しいことをしてもらうことがリーダーの役割」と語る領木さんは、自身が一流のドクターになる道ではなく、優秀なドクターを輩出する経営者になる道を選びました。地域に密着して、他院がやらないことをおこなうことで差別化し、患者さんの満足を徹底的に追求するりょうき歯科の取り組みは、2015（平成27）年には経済産業省主催の「おもてなし経営企業選」に医療機関から唯一選ばれ、ま

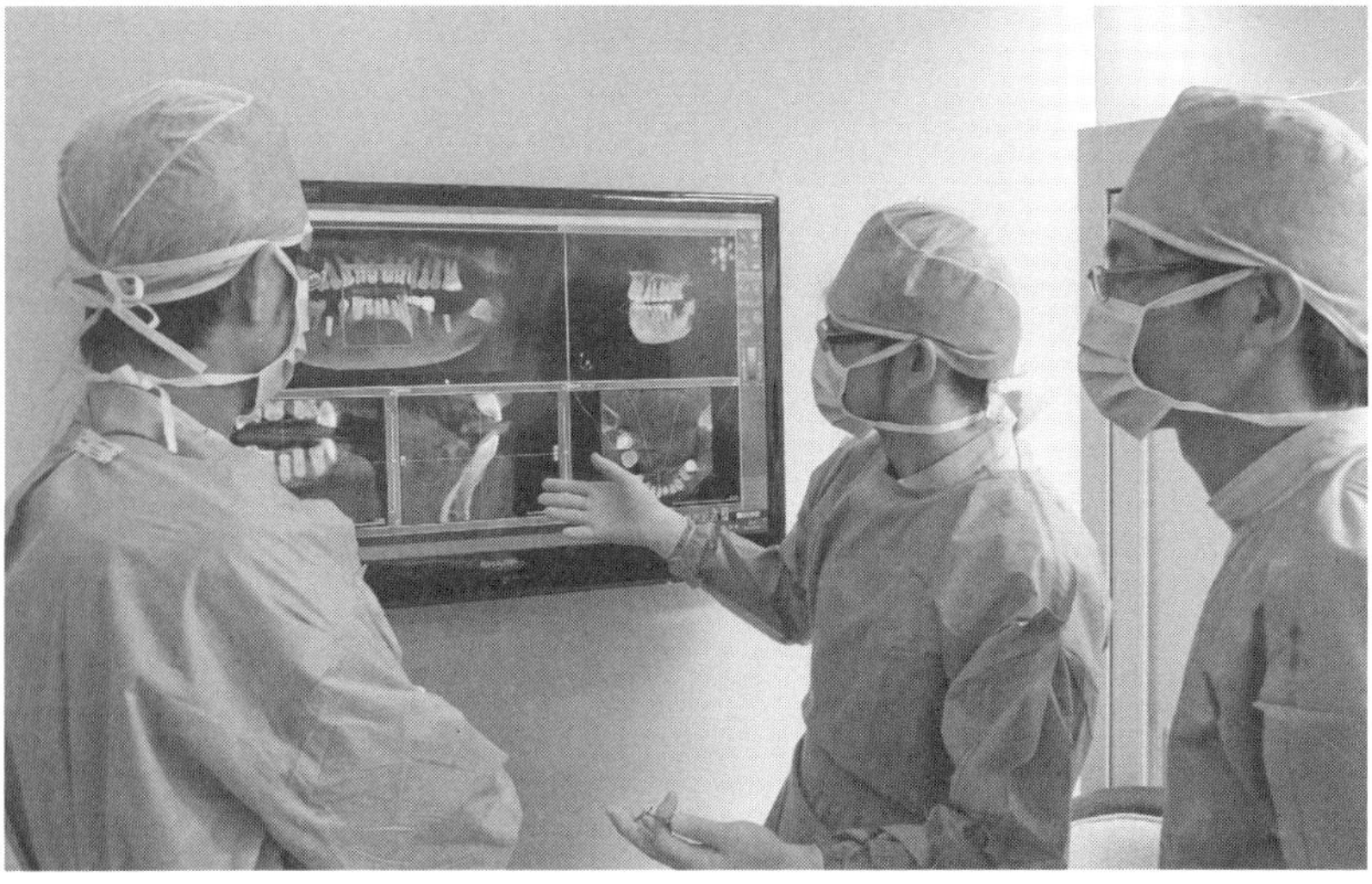

専門分野のドクターが集まり、診療を検討する。

た2016（平成28）年には「関西経営品質賞」のブロンズ賞を歯科医院として初めて受賞しました。日本全国に6万8875件（「医療施設動態調査」前出）ある歯科診療所のなかで、りょうき歯科は、医療サービスのトップをめざし続けます。

りょうき歯科の領木誠一理事長。

新しくオープンするクリニックの完成予想図。

豆知識　かかりつけ歯科医

2025年、団塊の世代が75歳以上になることから本格的な超高齢化社会の時代へと突入します。そこで、地域と医療・介護が連携して高齢者の自立した生活を支援し超高齢化社会に対応することを目的に「地域包括ケアシステム」がつくられました。

このシステムの一貫としてできたのが「かかりつけ歯科医」制度です。これまでの歯科診療所は、歯や口腔の健康について地域の住民が身近に訪れる医療機関として機能してきました。これからは、かかりつけ歯科医として、予防から治療まで、そして訪問歯科診療もふくめて、継続した診療で地域住民の口腔ケアに努めることが期待されています。

買い物難民を救え！

移動スーパー「とくし丸」

徳島県徳島市

●事業のきっかけ

徳島県の山村を、カラフルなイラストが描かれた1台の軽トラックが、カーブを繰り返しながら走っていきます。1軒の民家の庭先に車を止めると、「とくとくとーく　とくし丸～」という到着合図のテーマソングと共に、販売員（ドライバー）が降りてきて、軽トラックの荷台の扉すべてを開きます。すると、そのなかはまさに小さなスーパーマーケットのごとく、野菜、肉、刺身といった生鮮食料品からトイレットペーパー、洗剤などの日用雑貨までところせましと並んでいます。

販売員が慣れた手つきでそれらを見やすいように並べていると、家のなかから足の不自由なおばあちゃんが出てきました。手に財布をもち、ニコニコと親しげに販売員と会話をしながら荷台の商品を選んでいます。自分で欲しいものを選んで、自分の手で買い物ができる。買い物本来の喜びを買い物難民に提供する。これが移動スーパー「とくし丸」です。

近所のスーパーや商店の廃業、撤退、または高齢による歩行困難などの身体的不自由が原因で食料品や生活必需品などの買い物に困っている人たちは「買い物難民」とよばれています。現在、そのような人たちが全国に約７００万人、徳島県内にも約７万５０００人いるといわれています。

「とくし丸」は、この買い物難民を救済するために徳島県徳島市に誕生しました。

代表の住友達也《すみともたつや》さんは流通業界の出身ではなく、徳島県でタウン情報誌「あわわ」を創刊して人気メディアに育て上げた人物です。とくし丸の本部も「あわわ」と同じビルにありますが、数年前に出版事業を売却しました。出版から身を引いた住友さんが買い物難民に関心をもったのは、あるとき、高齢になる自分の母親と友人のおばあちゃんを車で近所のスーパーマーケットまで乗せていったことがきっかけでした。

おばあちゃんがそのスーパーで「買えるときに買っておかないと、次はいつ買えるかわからないから」と、一度に驚くほど大量に買い込むのを見て、日常的に買い物をすることができない高齢者の不安や苦労を知りまし

山村で営業中の移動スーパー「とくし丸」。

た。このおばあちゃんや自分の母親のように、自由に買い物に行けない買い物難民となっているお年寄りを助けたい、買い物難民という社会的な課題を解決したい、それには持続可能なビジネスとして収益のあるものにしなければならない。そう考えた住友さんは、移動スーパー「とくし丸」のビジネスモデルをつくったのです。

おばあちゃんの究極のセレクトショップ

買い物難民となる高齢者が増えているのには、つぎのような理由があると考えられます。

・大手チェーン店によるスーパーの大型化と郊外化による地域密着の地元店の撤退や廃業
・核家族化による高齢者の独り世帯化
・バスや鉄道など公共交通機関の経営合理化による移動手段の減少
・行き過ぎたモータリゼーションと高齢による免許の返上

豆知識

増える買い物難民

日本では、高齢化や単身世帯の増加、地元小売業の廃業、既存商店街の衰退などによって、山間部や離島などの過疎地域だけでなく都市部においても高齢者などを中心に食料品の購入や飲食に不便や苦労を感じる人（買い物難民、買い物弱者）が増えています。農林水産省では、これを「食料品アクセス問題」と命名して社会的な課題ととらえ、その解決に取り組もうとしています。

なお、農林水産省が2016年3月におこなった全国市町村アンケート調査では、全国の1184の市町村から回答があり、現時点で対策が必要と回答した市町村数は959（81・0％）で、前年と同数という結果となりました。

こういった外部からの要因だけではなく、長寿化により、高齢者自身の身体的不自由が増加しているというのも大きな要因であると思われます。

増え続ける買い物難民に対して、大手チェーンや地元スーパーもネットスーパーや移動スーパーに取り組んでいます。しかし、ネットスーパーの問題点は、そもそも対象となる高齢者がインターネットを使わないということにあります。また、広場などに出張する移動スーパーの場合、足の不自由な高齢者だと、広場までも歩いていけないという事情もあります。スーパー側もなかなか採算が合わず、行政からの補助金でなんとか継続しているところもあるというのが現実です。

ほかにも、宅配弁当は決められたメ

ぎっしりと積みこまれた移動スーパーの品ぞろえ。軽トラックといえども冷蔵庫付きの専用車。

ニューですぐに飽きてしまう。コミュニティバスは、身だしなみを整える手間とバスの時間に合わせるのが煩わしい。家族の送迎さえも気兼ねするというように、高齢者の買い物に対する不満はかなり複雑な課題を抱えています。

そこでとくし丸は、冷蔵庫付きの軽トラックに、刺身などを含む鮮魚や精肉、野菜、果物などの生鮮食品から惣菜、弁当、寿司、パンなどの加工食品、菓子類、日用雑貨までスーパーの店頭に並ぶ商品を約４００品目、点数で言えば１０００〜１２００点をぎっしり積み込み、週に2回、高齢者の自宅の玄関先まで乗りつけて、高齢者自身の手で欲しいものを買える喜びを提供しているのです。人は本来、自分の欲しいものをその場で見て買えることに喜びを感じるといいます。そのような買い物の喜びを買い物難民となっている高齢者にも感じてほしいという思いから、住友さんは「とくし丸」を「おばあちゃんのセレクトショップ」とよんでいるのです。

●「とくし丸」立ち上げの苦労

最初、徳島県内のスーパー数社に「とくし丸」の事業プランを説明しても、流通業の経験のない素人同然の住友さんの考えるアイデアはなかなか理解されませんでした。だれにも相手にされない日々が続くなか、住友さんの考えに賛同した1社のスーパーから協力が得られることになりました。２０１２（平成24）年、住友さんは、自身を実証のための実験台として、軽トラック２台を用意して移動スーパーとくし丸をスタートさせました。

とくし丸の基本的なビジネスモデルは、とくし丸本部が事業推進のプロデュースをし、提携スーパーは商品提供、そして販売パートナーは個人事業主として商品の販売代行をおこないます。これによって、提携スーパーは人件費や運搬コストなどの経費をかけることなく、販売手数料だけで自社商品の安定的な売り上げを確保することができます。販売パートナーは、仕入れによる買い取りリスクがないため、売れ残りを心配しないで軽トラックいっぱいに商品を詰め込んで高齢者宅へと向かうことができます。まさに、とくし丸本部、提携スーパー、販売パートナーの3者で収益とリスクを分け合う「三方よし」（→P142）の仕組みとなっています。

しかし実際には、とくし丸の移動スーパー事業はなかなか思惑どおりに収益を上げることができず、開業3年間は赤字続きでした。原因を検証してみると、とくし丸の顧客である高齢者のなかでも、買い物難民の度合いはさまざまで、本当にそのサービスを求めている人たちに届いていなかったことがわかりました。それほど困っていない人のところに行ってもあまり感謝されず、そのうえ売り上げも増えないため販売員のモチベーションも上がらないという状況になっていたのです。

そこで、とくし丸のサービスを喜んで迎え入れ

移動スーパー「とくし丸」を事業として立ちあげた住友達也さん。

てくれる人たちを探すために、再度、販売エリアを自分たちの足で一軒一軒回り、本当にこのサービスを必要とするお客さんを開拓する方法を体系化しました。また、この事業を持続させていくためには収益を確保する必要があるということをお客さんに理解してもらい、商品の定価よりもすべて10円加算して「買っていただく」という「プラス10円ルール」を考えました。

これまでスーパーといえば、他店よりもどうやって安く売るかが勝負でした。しかし、本当に困っている人たちに感謝されるような商売であれば、商品が定価より高くなっても喜んで買ってくれるのではないだろうか。そういう、価格競争ではない、事業そのもののあり方が重要であることに思い至ったのです。

実際に、買い物をする高齢者からも、料金アップに関しては不満よりも、

「ここまで運んできてくれるのだから当たり前よね」

「10円なんて全然気にならない」

「ガソリン代とかもかかるからね」

といった労《ねぎら》いの声のほうが多くかかりました。

たかが10円ですが、これは、とくし丸が利用者である高齢者にとってなくてはならない存在であるということの証しとなりました。さらに、プラス10円は、買い物難民である高齢者も含めて「四方よし」となる画期的なルールでした。

おばあちゃんのコンシェルジュ

とくし丸は、必要なお客さんのところに出かけ、サービスを提供します。しかし、ただ自宅まで商品を運んで売るだけでは、ビジネスとしては成功しません。そこでは買い物客と販売員とのコミュニケーションが重要であり、実際に売り上げの高い販売員ほどお客さんであるおばあちゃんから人気があり信頼されています。

お客さんから人気がある販売員は、スーパーで商品を積むときに、今から訪問するおばあちゃん一人ひとりの顔を思い浮かべ、喜んでもらえそうなものや、そろそろ必要になるのではないかという商品をしっかりと考えて選びます。おばあちゃんにとっては、そういった販売員は、痒いところに手が届く存在であり、強い信頼関係が

「とくし丸」に集まる地元のお客さんたち。

生まれるのです。まさに「おばあちゃんのコンシェルジュ」といえます。

●地域社会との共存

現在、とくし丸は、徳島県のみならず全国34都道府県の57社のスーパーと提携していますが（2016年10月現在）、あえて全国規模の大手チェーンとは提携しないというルールを定めています。また、提携先からのロイヤリティーは売上げによるパーセンテージではなく、定額制となっています。これは、規模や市場性のあるところだけが得をするという仕組みではなく、地域にもしっかりと利益を還元したいという住友さんの思いからなのです。

もうひとつ、とくし丸には大事なルールがあります。地域に存続している個人商店の脅威にならないように、その店舗の半径300メートル以内での販売はしないというルールです。300メートルというのは、高齢者にとって徒歩圏マーケットといわれる距離です。ですから、その商圏に入るということは、そのお店のお客さんを奪うということになります。とくし丸がビジネスを優先してその個人商店の脅威となったとき、「もし、自分の母親がその店を経営していたとしたらどう思うか」という自問自答から、住友さんが、地域と共存するために考えた大切なルールなのです。

とくし丸には地域のためにはたしている重要な役割があります。それは、見守り隊として、買い物難民となっている高齢者の命を守るということです。徳島県と「見守り協定」を締結し、社会福祉協議会、地域包括センター、ケアマネージャー、民生委員などとの連携を図っています。週に2

回以上、直接高齢者と顔を合わせることができるので、訪問したのに留守だった、新聞が溜まっている、顔を出さないなど、いつもと違う状況があれば、すぐに連携機関と連絡を取り合い対応することになっています。

移動スーパーというインフラ

とくし丸の販売は、すべてのお客さんと顔を合わせてコミュニケーションをとる対面販売が基本です。それによって安否を見守ったり、お客さん一人ひとりの要望を聞いたり、好みを把握したりすることができます。ときには、年末年始に孫たちが遊びに来るということで、クリスマスケーキやおせち料理を頼まれることもあります。

とくし丸には、食料品や日用雑貨だけではなく、ストーブや布団、衣料品といった生活に必要なもの全てに対応できることが求められています。自分で外に買い物に行くことができない高齢者にとっては、移動スーパーがインフラになると住友さんは考えています。

実は、スーパーに行くのが困る人は、買い物だけでなく銀行に行くのにも困っています。そのため、たまに銀行へ行くと10～20万円をおろしてたんすにしまっておくのです。これでは不用心です。そこで、こまめにお金がおろせるように、買い物のために必要な1万円札の出金だけできるATMを開発して、とくし丸に搭載しようと計画しています。

●とくし丸の目的

とくし丸の社名である「とくし」は、社会貢献をする人という意味の篤志家の「とくし」から思いを込めてつけられています。とくし丸では、地域における3つの目的を掲げています。

①命を守る（見守り協定など買い物難民の支援）
②食を守る（地域スーパーとしての役割を果たす）
③職をつくる（社会貢献型の仕事を創出する）

住友さんは、ソーシャルビジネスとか社会的企業という言葉は嫌いだといいます。そもそも事業にとっては社会性や課題解決はあたり前のことであり、そうなっていなければビジネスとして成り立たないというのが、住友さんの持論です。社会に必要とされ、その対価として収益も上がるのです。新たな事業を起こすとき、最も必要なのは、その事業をなぜやるのかという「理念」「社会的意義」そして「拡大市場であること」だと住友さんはいいます。

今後、高齢社会は、まだ20年は進むといわれています。２０３５年には総人口に占める高齢者の割合が3割を超え「3人に1人が高齢者」になるという推計も出されています。独居老人や買い物難民は、過疎地だけではなく、都市部も含め日本全国どこででも起きる問題となってきているのです。だからこそ移動販売という形態は、地域に関係なく、高齢者向けの販売サービスとしてスタンダードになってくると予想されます。

カラフルなイラストが入ったとくし丸の軽トラックが日本全国を走りまわることで、買い物や食生活に不便を感じる高齢者がいなくなるのも、そう遠い日ではないと住友さんは信じています。

路地裏の細い道にも難なく入りこんでいく軽トラックの「とくし丸」。「コンビニよりコンビニエンス（べんり）な移動スーパー」というコピーがぴったり。

自動車部品製造から地域共存型の事業へ

四国部品

徳島県阿波市（本社）、高知県田野町（工場）ほか

●四国で設立した経緯

自動車には、クルマの基本性能（走る・曲がる・止まる）や安全性、そして利便性や快適性を可能にするさまざまな電子機器が搭載されています。これらはいずれもバッテリーからの電力と制御信号によって動作します。この電力と信号の伝送を担っているのが「ワイヤーハーネス（自動車用組電線）」です。

ワイヤーハーネスの生産を１９３９（昭和14）年から開始し、今では日本を含む45か国に１７３法人４８７拠点、従業員約29万人からなる巨大な事業組織となっているのが、矢崎総業を中心とした矢崎グループです。矢崎グループのワイヤーハーネスは、現在では国内すべての自動車メーカーに採用され、現在走っているクルマの多くの車種に使用されています。

徳島県阿波《あわ》市に本社があり、高知県下に3つの工場をもつ四国部品は、この矢崎グループの関連子会社です。１９８８（昭和63）年、四国に瀬戸大橋が開通し、本州からも陸続きになったことを契機に、矢崎グループは、四国内で初めて香川県に「香川部品」を設立し、ワイヤーハーネス事業を開始しました。設立にあたっては、四国の行政や有力企業が、矢崎総業進出の後押しをしまし

た。その後、将来は四国全域に展開すること、この地に根付くことを見据えて、徳島県に事業所を設立する際、社名を「四国部品」としました。

矢崎グループ内の数あるグループ企業のなかで、四国部品は重要かつユニークな会社として高い評価を得ています。グループ内で、ワイヤーハーネス事業とは別に、初めて介護事業を立ち上げたほか、地元の発案から広がりつつある食品事業を手掛け、ボランティアとしてバイオマス事業に参加し、行政と地域住民との協働の森づくり事業を通してさらに地域への貢献を広げ、今や地域に必要とされるグループ内のリーディングカンパニーとなっているのです。

ワイヤーハーネス用部品などを製造する四国部品の工場。

●リーマンショック後の厳しい時期

四国部品がワイヤーハーネス事業以外のことを手がけるようになったのは、２００８（平成20）年のリーマンショックがきっかけでした。リーマンショックとは、アメリカの大手証券会社リーマン・ブラザーズが破綻したことで、世界じゅうにあった取引先の企業が打撃を受け、世界経済が不安定になった事件です。これは、四国部品にとっても非常に大きい出来事でした。

四国部品は、１９８８（昭和63）年前後に矢崎グループの本格的海外進出が始まったと同時に、ワイヤーハーネス事業が縮小していくことを危惧していました。そこで地域の雇用を守るために、新規事業の検討をしていたさなか、リーマンショックがさらに大きな打撃となったのです。

リーマンショックで痛手を受けた地域の誘致企業の大半は、工場を閉鎖し撤退していきました。矢崎グループとて厳しいことにかわりはありません。このとき、四国部品の片山誠治《かたやませいじ》社長は「（工場のある）高知という立地は総合的にみて、はじめに縮小や閉鎖の候補になりやすい」と予測し、機会あるごとに地域貢献の必要性を訴え続けました。誘致企業として雇用を守り、矢崎グループの本社とかけあいながら、地域や行政と連携を深め、地域に必要とされる存在価値をつくり上げる必要があったのです。厳しい時期だからこそ、先頭に立ってこの地に残ることの重要性を訴え続けました。

その甲斐あって、今では矢崎グループの会長自ら、毎年のように視察に訪れ、地域の農家民宿に宿泊し、地元の田舎料理を食し、地域の人たちと交流をおこなっているほどに親密になっています。四国部品が地域を、また同時に地域が四国部品を必要としているからこそ、こういったことが実現しているのです。また、矢崎グループは、誘致を受けた立場を忘れず、高知県をはじめ行政とはオープンに付き合いながら、誘致町村とはとりわけ連携を深めています。

●協力企業を大切にする会社

リーマンショックによる自動車メーカーの大幅な受注減により、四国部品も徳島地区の4工場のうち3工場を閉鎖しました。本来であれば、工場を閉鎖するということは、従業員を解雇・整理するのが一般的ですが、四国部品のそれは大きく違っていました。矢崎グループの協力企業と話し合い、希望を募って3つの工場・人員・仕事を希望企業に引き渡す方法で整理し、雇用を守ったのです。もともと矢崎グループは、協力企業には、製品をつくるための設備と材料部品を無償で提供します。協力企業は、場所と人員を確保するこ

豆知識

企業誘致（企業立地）

企業誘致とは、自治体などが企業（とくに工場など）を自分の地域に来てもらうようによびこむことです。工場が進出することで雇用が生まれ、住民の収入が増える。消費は拡大し、税収が増える。さらに周辺産業への波及効果も見込め、まちの活性化につながる。こういったことを目的とし、誘致を推進するために、各自治体は基盤整備や税制面での優遇制度を定めて積極的に取り組んでいます。

近年では、地域資源の特性や地場産業との連携をはかり、地域の自立をうながすことを目的とした企業誘致も見られるようになってきました。四国部品と地域が一体となって事業に取り組むやり方は、その先例とも見られています。

とができれば、大きな投資や資金がなくても事業を開始できたのです。

また、ワイヤーハーネスを生産する協力企業への代金支払いは毎月20日締め、当月の29日に現金で支払われています。一般的に仕入先への支払いは、ともすれば意識的に遅くしたり、手形払いをしたりするなど、発注側の立場を利用した一方的な支払方法になることが多いなか、矢崎グループがおこなっているこのような支払いへの配慮は、同グループの「地域と共に」「地域に必要とされる企業」という理念が具現化されていることの証明です。これだけ早いタイミングで支払いがされることは、新たに事業をはじめる会社にとっても資金繰りの助けになります。

●介護事業へ新たな取り組み

すでにリーマンショックよりも前に、大手自動車メーカーが次々に海外へ工場移転することに伴い、部品メーカーである矢崎グループはその対応を迫られていました。ワイヤーハーネス事業の大幅な縮小、受注減少は待ったなしで現実のものとなりつつあったのです。地域の雇用をどう維持していくか、四国部品の片山社長は、雇用を継続するためのさまざまな方策を模索していました。リストラを実行しなければならないときは、まずは自分の進退をと心に決めていました。

片山社長は、がんばってくれている従業員と何回も相談し、現在の従業員でできる新たな地域貢献として介護事業に取り組むことを考えました。女性従業員が約6割を占めるために、女性にできる仕事は何かを考えた結果、2000(平成12)年に介護事業をスタートさせたのです。そのころの高知県では高齢化率がすでに3割を超えていましたから、それはまさにこの地域にとって必要な取り組みでした。

まず、雇用継続の事業への準備として、従業員に対して介護サービス資格取得の講習会を社内で実施しました。教材費を除き受講料は会社が負担し、しかも業務中に資格取得のための講座を開催。ほぼ全員の従業員が資格取得を希望したのです。「従業員はみんな、にこやかな笑顔で受講してくれたのが印象的だった」と片山社長は当時を振り返ります。

2000（平成12）年4月、民間の介護事業の規制緩和が追い風になりました。まずは投資があまりかからない訪問介護「なごみ中芸《ちゅうげい》」の事業を開始しました。同年6月には「なごみ梼原《ゆすはら》」事業所を開始しました。ワイヤーハーネス事業が徐々に減少する一方で、介護事業部門への職場転換により雇用継続を実現したのです。これを足がかりとして、デイサービス、グループホーム、有料老人ホーム居宅介護支援へと事業を拡大していきました。

ワイヤーハーネス製造に従事しているときの従業員の平均出勤率は85パーセントでしたが、介護事業では100パーセントの出勤率だといいます。お年寄りから感謝されることが、従業員の大きなやりがい、働きがいになっているのです。こうした努力が実り、今や売上高の約半分はワイヤーハーネス以外となっています。こうして地域雇用は守られたのです。

地域密着の介護サービス

介護事業を始められたのは、この地に操業して以来、地域の声を聞いてきたからこそでした。「人と地域の連携」をコンセプトとして、工場敷地内に「交流広場」を併設し、地域住民に開放していたことが活かされたのです。

四国部品は、今や高知県の中芸地区、越知《おち》地区、梼原地区の３つの地域で、９つの介護事業を運営するほどになっています。施設内では季節ごとに敬老会やクリスマス、忘年会などさまざまなイベントを開催し、「心のなごみ」を大切にしたサービスの提供をおこなっています。地域の人々との交流が介護予防につながるのです。太平洋沿岸の町ならではの津波対策はもちろんのこと、安心して暮らせるよう安全な生活環境をつくり上げるために、防災対策・防災訓練も徹底されています。

これらの施設の魅力は、それだけではありません。スタッフの人たちのとびっきりの笑顔があります。建物の入り口を一歩入ると輝く笑顔で挨拶されます。心の底から温かくなる、ホスピタリティあふれる対応には利用者だけではなく、地域の人みんなが癒される施設となっているのです。

介護付き有料老人ホーム「なごみ中芸」でのクリスマスイベントのようす。

スイーツでも地域に貢献

介護事業もそうでしたが、食品事業も、会社の方針である「地域に必要とされるもの」「地域と共存できるもの」を前提として検討し、「地域に誇れる食品」を目標にして始められたものです。人口3000人あまりの、四国でいちばん小さなまち田野町《たのちょう》に、新たな事業で参入したのは、四国部品の中芸工場です。工場閉鎖を受けて始めた介護分野に続いて2010（平成22）年、食品事業をスタートさせたのです。その名も中芸食材工房です。

中芸食材工房の工場長を務めている濱渦宏之《はまうずひろゆき》さんは、元中芸工場の工場長を務めていました。設立当初から四国部品のスタッフで地元出身者です。濱渦さんたちが、介護分野に続く新規事業を開拓したのは「四国部品を中芸に残したい」という強い思いがあったからです。設備も資金もノウハウも、何もないところからのスタートでした。

新規事業を考えるにあたり、当時従業員の8割を占めていた女性たちが働くことができる職種であることも条件でした。「地域のためになれば、なんでもよかった」と濱渦さんはいいます。

自分たちが参入しやすい分野を探していたとき、田野町で開催された中芸地域の食フェアを見学に行き、そこでスイーツ部門で優秀賞を取った酒粕の入ったういろう風のお菓子に注目しました。そのお菓子は手間もかかるため、つくろうという製菓業者はおらず、四国部品が新たなチャレンジに手を挙げたところすんなり認められたのです。初めてづくしのなか、四国部品の社員食堂で試作を始め、その後、田野町役場が所有する食品加工場を製造拠点としました。

現在の目標は、まちと一緒になって、中芸地区を、食材を発信していく基地とすることです。従業員は6人。週5日、4人シフトの態勢で商品をつくりながら、試作品や新商品の開発をおこなっています。

中芸工場は、最盛期は高知県の東部一帯から200人以上を雇用していました。その工場が閉鎖されるという苦しさを体験したからこそ、介護事業に続き、食品事業で女性たちの雇用の場が広がるよう商品や販売ルートを確立させたかったと濱渦さんはいいます。軌道に乗せるまでは、そうかんたんにはいきませんでした。しかし、自動車部品の製造で生み出したチャレンジ精神を忘れず、「人のために何ができるか、地域のために何ができるか」「ほかがやらないから、四国部品がやるチャンスがある」と、ネバーギブアップの精神で、会社一丸となって取り組んだといいます。

新商品の開発も積極的におこなっています。2010(平成22)年12月に発表された新感覚スイーツの「蔵乃風」、2011(平成23)年10月発表の「蔵人《くらうど》の菓《このみ》」に重要な食材として使っているのが、地元の酒蔵の酒粕です。大人のためのスイーツとして、素材のままできるだけお客さんに提供したいという思いから、機械では出せない食感にこだわって、手づくりでひと手間をかけています。金粉以外は無添加・無着色です。

●駅を利用するお客さんの憩いの場

グループ企業の一員だからできることもあります。

「矢崎グループには農業分野もあるので、いずれ、高知で農業と食品加工を結びつけたい」と片山社長は語ります。その一環で、中芸食材工房の工場長の濱渦さんは、北川村でユズをつくっています。農家の気持ちをわかったうえで、食材を上手に使った料理を道の駅「田野駅屋」近くにある中芸食材工房で提供しています。さらに、地元の完全天日塩と実生《みしょう》（種から育ち大きくなった木に実った）の柚子《ゆず》を使用したシャーベット「塩姫」を２０１２（平成24）年5月に誕生させました。

また、地元の高校生が授業の一環で考案した「すり身バーガー」も商品化しました。このアイデアを埋もれさせるのはもったいないと、四国部品は3年かけてアレンジし、地元の食材を使った「すり身ドッグ」として商品

道の駅「田野駅屋」近くにある中芸食材工房。この建物を利用して、「塩姫」シャーベットや「すり身ドッグ（すりみードッグ）」など、開発商品を販売している。

化したのです。これも、お店でできたてを提供し、お客さんから愛されています。

「地元には長年お世話になったので、チャレンジを結果に結びつけたい。柱になるヒット商品は100のうちひとつかもしれない。それでもあきらめずに続けます。願いは、かつて一緒に働いてきたワイヤーハーネス工場の従業員が、一人でも二人でも戻ってこられる職場の実現です」と、工場長の濱渦さんは熱く語ります。

●未来の子どもたちに森林を残したい

高知県の梼原町では、2005（平成17）年から行政と地域住民と企業が三位一体となって「森林の再生」に取り組み始めました。梼原町は愛媛県との県境に位置し、町の面積の9割以上が森林で、林業はこの地域の基幹産業なのです。

すでに1970（昭和45）年からガス・油を燃料とする冷暖房機を生産してきた矢崎グループは、梼原町の趣旨に賛同し、梼原町に「木質バイオマス循環モデル事業」の提案をしました。そして2007（平成19）年に木質ペレット工場を建設し、翌2008年にはこの工場で生産された世界初の「木質ペレット焚アロエース」を発売しました。この木質ペレットは、梼原町の森林整備の際に出る間伐材や端材を利用してつくられたもので、形状が均一で安定した熱量供給が可能です。火を焚いて冷房もできるというこのアロエースは、木質ペレットを燃料にすることでCO_2排出係数ゼロ温暖化防止、森林整備に貢献するというものです。

こうした取り組みのなかで、四国部品をはじめ矢崎グループの従業員やその子どもたちが参加するサマーキャンプが毎年開催されています。ボランティア団体や町民と一緒になって、植林や整理伐採などの森林整備をおこなっているのです。

「梼原町で事業を始めてからずっとささえられてきた地域の存在が、この協働の原点となっています。これからもさまざまな方と連携しながら、地域社会へ貢献したい」と、片山社長はいいます。

ある農家民宿を営む女性は、四国部品の人たちの真剣な姿や取り組みに影響され、自分自身もできることに挑戦したいと強く感じるようになった、といいます。

片山社長は、「地域の声をどのように取り入れて生かすか、現場とのかかわりを通して、どう地域に必要とされる存在になることができるかを考えながら、日々一歩ずつ歩んでいきたい」と語ります。

毎回大勢の子どもたちが参加するサマーキャンプ。

住空間のあらゆる修理に迅速丁寧に対応

アサノ設備

愛媛県八幡浜市

生まれ故郷で会社を創業

愛媛県の西端にある佐田岬《さだみさき》半島の付け根に八幡浜《やわたはま》市という町があります。人口は2015（平成27）年度で約2万6000人。ここ20年で約1万人が減少しました。市内の目抜き通りには商店街があります。昭和20年から30年代にかけては人があふれて活気に満ちていましたが、過疎化が進んだ結果、現在では残念ながらシャッター通り化しています。そんな商店街から、車で5分ほど走った場所に、アサノ設備が店を構えています。給排水工事や住宅の増改築工事、さらには福祉用品の販売やレンタル事業をおこなっている会社です。現在、社員が17人、パートタイマーが5人働いています。

創業者でもある浅野幸雄《あさのゆきお》社長は、小学校5年生のときに父親を亡くしました。悲しむ間もなく、残された母親とお兄さんは、地域の特産品であるさつまいもでつくった芋飴を売って生計を立てていました。しかし原材料であるさつまいもの生産が減少して芋飴がつくれなくなったので、母親は代わりに昼夜内職につとめ、兄弟二人を育てたそうです。

地元の高校を経て、浅野社長は岡山の某大手鉄鋼メーカーに就職。配属先である水道関係の部署で働き、仕事にも慣れてきたころ、母親と同居していたお兄さんが八幡浜を離れ、別の地域で税理士として開業することになりました。浅野社長は地元に戻るつもりはありませんでしたが、悩んだ末、「母親をずっと一人にしておくわけにはいかない」と、八幡浜に戻ることを決断しました。

そのころ浅野社長は、いつか自分自身で事業を立ち上げたいと考えていたので、前職を活かせる給排水設備会社に、3年で独立したいとの旨を伝えて入社しました。そして3年後、30歳で退職し、給排水設備会社を創業したのです。これが現在のアサノ設備です。人生の伴侶である奥さんとは、この時期に結婚しました。

仕事の幅が広がる転機

設立当初は、地域の建材会社から仕事を回してもらったり、奥さんの関係者や知り合いの人たちから仕事をもらったりしていましたが、規模の小さな仕事が多く、なかなか事業を維持していくの

気軽に相談ができるよう、大きな看板でアピール。

は大変でした。

転機が訪れたのは独立して数年がたったころです。仕事の関係で知り合った和田《わだ》さんを説得し、社員として一緒に仕事をするようになりました。この和田さんとの出会いが浅野社長に力を与えました。浅野社長が40歳になったころ、大洲《おおず》市に支店を出し、和田さんにはそこの責任者になってもらいました。

その後、仕事で出会った大工職人が入社したことも会社の躍進に拍車をかけました。それまでの給排水設備の仕事から、住宅の増改築工事まで仕事の幅を広げることができたのです。さらには工事の値決めを任されるようになり、それまでの下請けという立場から脱却することもできました。こうして現在は、設備業の水回りのほか、解体作業や神社の改修、新築工事なども請け負うようになりました。また、いつも仕事を依頼してくる地域のお客さんが高齢化し満足な介護や生活ができない人も増えてきたため、２０１３（平成25）年からは介護リフォーム業、介護用品の販売レンタル業を開業し、仕事の幅を広げていきました。

一方、経理部門の担当は、創業時から変わらず、税理士として開業した浅野社長のお兄さんです。業績は37年間黒字経営を続けています。

●困った人を放っておけない心

浅野社長のモットーは「困った人を放っておけない」です。これはいつなんどきでも、時間を問わないということです。給排水設備工事は、昼夜に関係なくお客さんからの修理依頼の連絡が入ります。排水管の詰まり、水漏れ、水道管の破損、ボイラーの修理などさまざまです。夜に依頼が入り、浅野社長がお酒を飲んでしまっているときなどは、奥さんに軽トラックの運転をたのんで現場に駆けつけます。介護レンタル事業を始めてからは、お客さんの家族が亡くなって葬儀の準備をするために、深夜にレンタルベッドを引き取りに行くこともありました。

いちばん困っているお客さんやお年寄りをいつでも、どこでも最優先するということもあり、営業範囲は緊急時に30分以内で駆けつけられる地域と決めて、八幡浜地区周辺と大洲地区を中心に仕事をしています。

２０１６（平成28）年1月24日。愛媛県は

地域住民のライフラインをささえる給排水工事。

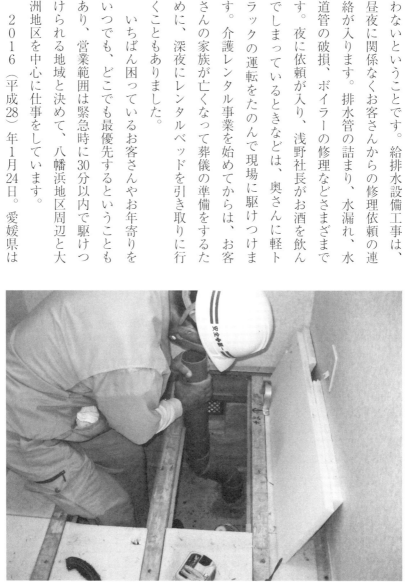

数十年ぶりの大雪に見舞われ、八幡浜地区のお客さんの家では水道管の破裂や、ボイラーの故障が多く発生していました。そこでアサノ設備では、「困った人を一人でも早く助けよう」と、水回り設備の復旧のために社員総出で対応しました。約150軒のお客さんからの緊急依頼を受けて、早朝から深夜まで計5日間で修理をしたのです。

●従業員との新たな出会い

浅野社長は、人との出会いを大切にしています。アサノ設備が運営する介護用品のレンタル販売「ケアサポートがいな」*の所長を務める土居《どい》さんとの出会いは、浅野社長が介護リフォーム事業に乗り出し、書類の申請などで困っていたときです。そのとき相談に乗ってくれたのが、土居さんでした。当時土居さんは、ほかの介護関連会社に勤めていて、軽い気持ちで相談に応じていたのですが、浅野社長はわからないことを確認するために、来る日も来る日も連絡してきました。その熱心な姿を見て、土居さんはこの人ならと、自分を雇ってもらえないかと願ったのです。土居さんの言葉を聞いた浅野社長は、土居さんの手を両手で強く握り、じっと目を見て「一緒に幸せになろうなぁ」と伝えました。土居さんは驚くとともに感動し、以来、浅野社長の大ファンになったといいます。

さらに、2014（平成26）年の10月には、浅野社長とお客さんの息子との出会いがありました。息子さんはもともと、大阪にある大きな病院で透析技師として働いていましたが、家庭の事情で八幡浜に帰ってきていたのです。八幡浜地区は規模も小さく人口も減少しているので、透析をおこなっている病院が一つしかありません。キャリアを活かそうと、その病院に応募したのですが、人員は足りていると断られてしまいました。やむなく、一時的な働き口をさがして、業種、業態にかかわらず、地元の会社の採用試験を次々と受けました。しかし、透析技師の資格がかえって障壁となって、すべて断られ、彼は人間不信に陥ってしまいました。

悩んだ親御さんが浅野社長に事情を話したところ、「明日からうちの会社に来なさい」という一言で入社が決まりました。翌日、アサノ設備から帰って来た息子は「あんな人に生まれて初めて出会ったよ」と感動して親御さんにいいました。出社した彼にむかって浅

お客さんの高齢化にともなって、介護サービス事業「がいな」をスタート。

野社長が「地域の病院で透析技師の仕事があったら、すぐにうちの会社を辞めて行きなさい。あなたのもっている資格とキャリアはとても素晴らしいものだから、もったいない」といったのだそうです。この一件以来、このお客さんは、家のリフォームや修繕をすべてアサノ設備に頼むようになりました。

＊がいな…愛媛の方言で「すごい」という意。

●地域に信頼され、必要とされる会社

アサノ設備では定期的にお客さんへの巡回訪問をおこなっています。一度でも仕事をしたお客さんをＯＢ顧客とよんで、年に4回ほど訪問しています。これには、仕事をもらうという意味もありますが、「どんな小さなことでも困りごとを解決し、不便を解消してさしあげたい」という思いが込められているのです。

定期的な顧客回りができるようになったのは、「ケアサポートがいな」に新しく牧野《まきの》さんが入社してからです。牧野さんは週に2回ほど、一日に10〜20軒訪問しながら、「がいな」のイベントを案内したり、修理箇所の不具合がないか、聞いて回ったりしています。訪問した家の30〜40パーセントから新規の仕事をもらっているといいます。巡回のおかげで、お得意さんが八幡浜地域で1000軒、大洲地域で500軒ほどになりました。離島にも片道30分かけて船で向かいます。お得意さんからは、だいたい3年に1回のサイクルでリピートの仕事があるようです。アサノ設備の

対応力と信頼が口コミでも広がっています。

「がいな」所長の土居さんの話では、福祉用具の指名率は地域の他業者と比べて圧倒的に高いそうです。一般的に、ほかの介護事業所では、このくらいの地域なら20パーセントの指名率があれば高いといわれているそうですが、「がいな」はアサノ設備の関連介護事業所ということで、60〜70パーセントの指名率があるといいます。浅野社長

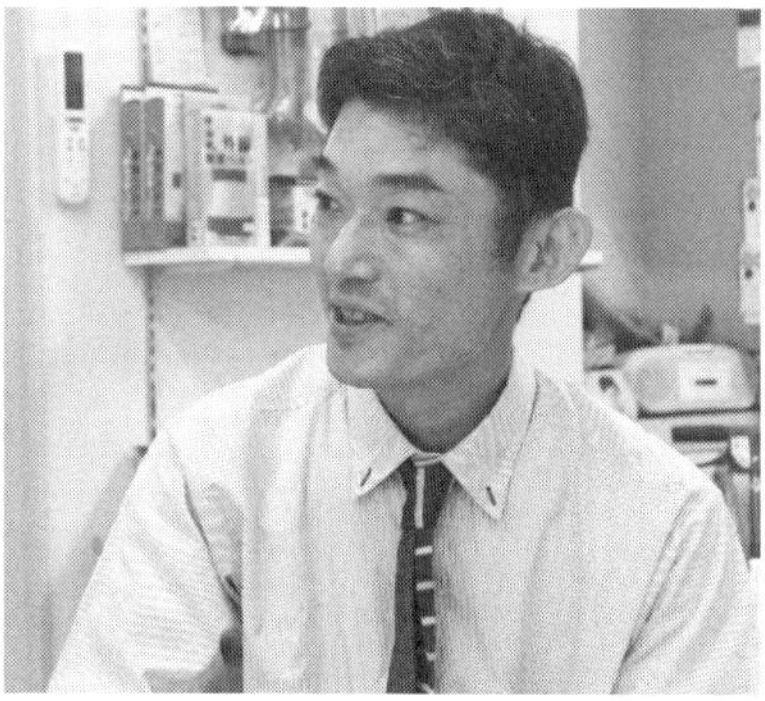

「ケアサポートがいな」の所長を務める土居さん。

豆知識

介護サービス事業

介護サービス事業は、大きく分けて、自宅に居ながら利用できる「居宅サービス」と特別養護老人ホームなどに入所している人が利用できる「施設サービス」があります。

居宅サービスには、①訪問介護、②訪問入浴介護、③訪問看護、④訪問リハビリテーション、⑤居宅療養者管理指導、⑥通所介護（デイサービス）、⑦通所リハビリテーション（デイケア）、⑧短期入所生活介護（ショートステイ）、⑨短期入所療養介護（ショートステイ）、⑩特定施設入所者生活介護、⑪福祉用具貸与、⑫特定福祉用具販売、⑬住宅改修（リフォーム）、⑭居宅介護支援があり、アサノ設備（ケアサポートがいな）がおこなっているのは⑪⑫⑬です。高齢者の住宅改修工事が介護・福祉用具のレンタルおよび販売へとつながっています。

の人柄とあわせて、家の困りごとなら何でも引き受けるという会社の姿勢に、支持されている秘密があるようです。次のようなお客さんからの声がそれを物語っています。

「浅野さんは仕事の注文以外でも、すぐ対応してやってくれるんですよ。たとえば、お墓の土を止めるコンクリート工事や家の庭の草取りとかね」

「自転車屋と喫茶店を経営していましたが、2年前に店を閉めました。現在は喫茶店だった場所を地域の高齢者の集う場所として提供しています。浅野さんとは、もう37年来のお付き合いですね。最初の出会いは、向かいのビルが水道管を入れるために掘っていたときに出た砂利を浅野さんからいただいたのがご縁だったね」

「トイレの修理を初めて頼んだとき、トイレのなかにかまわず降りて修理してくれました。そのとき、この人のところへ頼んだら安心だと確信したんです。今年、大雪が降ってボイラーが破裂したとき、困ってしまって、メーカーにすぐ連絡を入れたんですが、すぐには行けないという返事でした。そこで、すがりつくような思いで浅野さんに連絡したら、扱っていたメーカーのものではなかったのですが、すぐに来て応急処置をしてくれました。その上いつも世話になっているからと修理代も受け取りませんでした。本当に素晴らしい方なんです」

地域に信頼され、地域に必要とされている会社、それがアサノ設備です。

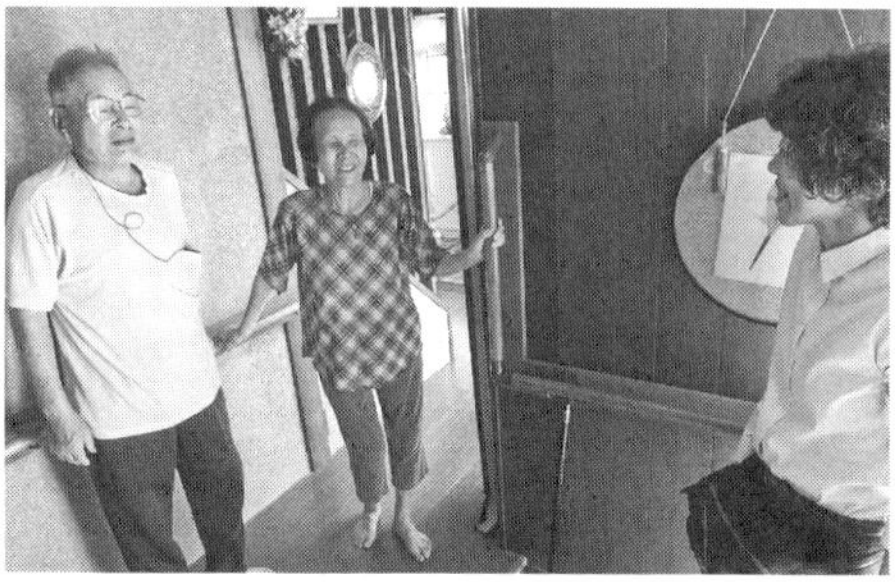

浅野社長（上左）の訪問を喜んでむかえるお客さん（上右）。玄関の手すりをつけてリフォームしたお客さん（中）、福祉用具の歩行器をレンタルしたお客さん（左下）、補聴器を購入したお客さん（右下）。

地域を愛する老舗の時計・めがね店

ヨシダ
福岡県北九州市

門司の発展と共に歩む

1885（明治18）年、「門司《もじ》に港を造れば、国運は高まるに違いない。だから、港と鉄道をこの地で直結させるのだ」という第8代福岡県知事の決意から、門司港の歴史が動き始めました。その4年後には、渋沢栄一《しぶさわえいいち》など財界人が「門司築港株式会社」を設立し、門司港の埋め立て工事が始まりました。そして同年11月には、港建設中にもかかわらず、地域の熱意が評価され、門司港は国の特別輸出港に指定され、これを機に貿易港として発展し始めます。

めがねのヨシダ（吉田時計店）も、門司港の歴史と時を同じくして1885（明治18）年に創業しました。そのため、歴代の経営者は、門司港への思いが強くあります。創業者である吉田清一郎《よしだせいいちろう》さんは、横浜にいたアメリカ人のエンソン氏に師事し、時計技術を修得したあと、佐賀県の佐賀市で家業として時計店を開業。その後、門司地区の将来性に着目し、1894（明治27）年に、すでに港町として栄えていた門司の鎮西橋《ちんぜいばし》にも出店しました。

1903（明治36）年には、何かと門司のほうが便利であり将来性があると考え、佐賀の店を閉め、門司に本店を移転します。それから130年余り、ゆっくりではありますが着実に成長、発展し、現在ではめがねのほか、補聴器や宝石など、さまざまな品物を提供しています。

門司を見守り続ける

1932（昭和7）年、創業者の娘婿である藤吉《とうきち》さんが2代目を継承しました。藤吉さんは、門司港にもランドマークとしての「時計塔」を、との思いから3階建ての店舗を建設し、その3階の屋根に時計塔を付けました。

当時、一世を風靡していた東京の銀座《ぎんざ》には、銀座服部《はっとり》時計店があり、その店舗の上階には大時計が「時の案内」として、道行く人々に時を知らせていました。それにヒントを得て、当時としては珍しい時計塔付き店舗を建設し、門司港の名物として評判になりました。

門司港の名物だった、時計塔の付いた吉田時計店（右）と現在の店がまえ（左）。

しかし、この時計塔付き店舗は、1945(昭和20)年に焼失してしまいました。太平洋戦争のさなか、想像を絶する規模の艦砲射撃や飛行機から投下される爆弾により、門司のまちは焼け野原となってしまったのです。しかし、藤吉さんはあきらめませんでした。再起を誓い、まずは、焼失から辛うじて免れた「金庫」を掘り起こしました。そして、生き残ったお客さんに一人でも多く「希望」をもってほしい、との思いで、修理で預かっていた時計を金庫から取り出し、一個一個ていねいに修理を始めました。修理を終えるとメモや記憶をたよりに一軒一軒お客さんを探し出し、大切な時計を届け続けたのです。

こうした努力は、多くの門司市民から感謝されるとともに高い評価を受けました。現社長である清春《きよはる》さんは、「このときの行動が、わが社の原点です」と語ります。

地域への思いは、3代目の泰清《やすきよ》さん、さらには現社長である4代目の清春さんにも脈々と継承されています。吉田時計店では、40年以上も前から、店の朝礼が終わると社員全員が店舗の前に整列し、道行く人に「今日もよい一日でありますように」との思いを込め、大きな声で挨拶をおこなっています。その目的は、前の日に嫌なことやつらいことがあっても、自分たちの元気なようすを見ることで、一人でも多くの門司の人たちに元気になってほしいからだといいます。清春さんが4代目の社長に就任すると、より積極的かつ大規模に地域への働きかけをおこなうようになりました。

清春さんは、地域への恩返しの重要性について、先代が日ごろから口にしているのを子どものころから聞いてきたこともあり、会社として地域のまちづくり活動を積極的におこなってきました。

そして門司港がレトロのまちとして再生されつつあるのをきっかけに、そのまちづくり団体「門司港レトロ倶楽部」を中心に、門司の行政をはじめ、さまざまな関係者によびかけ、２００５（平成17）年に「門司を美しくする会」を設立しました。「観光地である門司を愛されるまちにするため、掃除により『まちも心も磨く』」という方針のもと、住民と企業と行政が一体となってまちづくりをおこなうことが目的です。

設立当初は、門司地区で活動するまちづくり団体やボランティアサークルなど15団体３００人でしたが趣旨に賛同する人の輪が広がり、２０１６（平成28）年現在では48団体１７５０人が加入する大きな活動に成長しています。こうした活動はふつう行政主導でおこなわれることが多いのですが、官民一体でこれほど長く続き、多くの人々を巻き込んだケースは珍しいといわれています。

店頭で朝のあいさつをおこなう社員たち。全スタッフが整列して頭を下げる。

幼稚園児といっしょに門司駅周辺のごみ拾い活動に精を出す。

この活動のひとつに、近隣の保育園の園児たちと会員が二人一組になっておこなうまちの清掃がありま す。子どもたちと一緒にまちをきれいにするこの活動は、社員にとっても楽しみになっていて、子どもたちからおそわることも多いといいます。たとえば門司駅周辺の清掃では、地域の取り組みが往来する人たちにも浸透したのか、今では目に余るようなゴミは散乱していませんが、草むらや道の路肩など、見つけにくいところに細かいゴミが落ちていることがあります。大人はなかなか小さなゴミに気づくことができないのですが、目線の低い子どもたちは、こうした小さなゴミを拾い集め、大活躍してくれます。そうしたゴミでいちばん多いのは「タバコの吸い殻」なのです。大人のマナーの悪さが、こんなところにあらわれています。

開始直後は、今日はゴミが少ないかなと思っても、1時間ほどの清掃活動終了時には、ゴミ袋が10個以上になるほど拾い集めることもあります。活動終了後

豆知識 まち美化事業

市民と行政が協働で進める清掃活動をベースにしたまち美化事業は、日本全国で400弱の自治体で導入され、約500事業が動いています（2016年／食品容器環境美化協会調べ）。こうした仕組みは、わが子のように世話をすることから「アダプト・プログラム」ともよばれています。アダプトは「養子にする」という意味です。

この制度は、地域の人たちが道路や公園などの公共の場の「里親」となって、定期的に美化活動をおこない、自治体がその活動支援（ごみ袋や清掃用具の支給など）をおこなうものです。地域の連携が進む、高齢者や障がい者の活躍の場が広がる、環境保全につながるといわれています。

は、自分たちの住むまちが、どこよりもきれいになったと、みんなが笑顔になります。

会では「落書き消し」という活動もおこなっています。門司区内で落書きを発見すると、すぐに会員が消すのです。じつはこの「落書き消し」も、当初、ヨシダが取り組んでいたものです。建物や壁、あるいは構築物に、いつのまにかスプレーやマジックなどで落書きがされているのですが、その落書きを見ると、不安感を抱く人もいるといいます。こうした落書きは多くのまちで見られますが、門司区内では今やほとんど見ることはなくなりました。

こうした活動は思わぬ効果を生みました。会が発足し、美化運動を開始した２００５（平成17）年、門司区の刑事犯罪数は年間２８００件ありました。しかし運動を続けた結果、２０１５（平成27）年の刑事犯罪数は６３４件と77パーセントも減少したのです！　ニューヨークでも、落書き消しやゴミ拾いにより犯罪率が減少したという実例があるので、まちが美しくなると犯罪率が低下するのかもしれません。

●お客さんの笑顔が見たい

ヨシダの地域をささえ、愛する活動は、美化運動だけではありません。本業を通じて、地域住民の幸せづくりにも熱心に取り組んでいます。

ヨシダではめがねも取りあつかっていますが、ただ売るだけではありません。「お客様にめがねを買っていただくのではなく、快適に見える状態をお求めいただく」というモットーをもっています。社員への販売ノルマなどは一切なく、代わりに「お客様の笑顔が最大の喜びであり、お客様の笑顔こそがスタッフのノルマ」だといいます。

お客さんへのサービスに関するエピソードを紹介します。

ある2月の寒い日、一人のお客さんが来店しました。そのお客さんは、眼科で左目の斜視矯正手術を受けました。しかしその後も、ものが斜めに大きくダブって見える現象が続きました。「どうも右目だけで見ているような気がして、左目を使ってないような感じです。なんとか両目で見ることのできるめがねをつくってくれませんか」という相談内容でした。

そのお客さんはこれまでに、眼科の紹介などで何軒かのめがね店で相談したり、実際にめがねをつくったりもしました。しかし、訪問した大半のめがね店では「お客様の眼に合うめがねはありません」「気の毒ですが、両目で違和感なく見ることは無理です」といわれ、あきらめかけていました。それでも両目で見たいという気持ちは消えず、希望を叶えてもらうことはできないか、というかすかな期待をもって来店したのです。きっかけは、知り合いから「ヨシダならめがねの専門家もいて何とかしてくれるかもしれない」と聞いたからだといいます。お客さんの深刻な相談を受けた社員が約1時間におよぶ精密検査をおこなった結果、想像以上に上下左右ともに眼位がずれていることが分かりました。全スタッフで検討しましたが、このお客さんの希望に添うようなめがねをつくることはやはり難しいという判断でした。

しかし、お客さんには自分に合うめがねをつくり、両目で見たいという強い希望があります。社員たちは「何としてもお客様の希望を叶えたい」と強く思い、「よく見える状態を提供することこそ、当社の存在意義である」と意を決して、たった一人のお客さんのためのめがねづくりにチャレンジし、数週間後にそれを完成させました。

他社では製作は困難と思われためがねができた理由は、社員の高い技術力にあります。ヨシダには、日本最高峰の認定眼鏡士であるSSS級の資格を所持する社員が3人います。この資格は、海外ではオプトメトリストと称され、ドクターに次ぐ資格となります。日本ではこの資格がなくても視力測定ができますが、海外ではほとんどの先進国がオプトメトリストでなければ視力測定が認められないほど、難易度の高い資格なのです。

日本には日本眼鏡技術者協会が認定している資格で、S級、SS級、SSS級の3ランクがあります。資格の取得は難しく、SS級を有している眼鏡士のいるめがね店でさえ、全国的に多くありません。ましてやSSS級となると、福岡県下でも9人しか取得していません。その3分の1は、ヨシダの社員ということになります。なお、ヨシダではSS級以上の資格を有している社員しか視力測定ができません。

これらはすべて「お客様の笑顔をいただくため」、そして「地域にご恩返しをするため」に、技術を中心とした社員研修に創業以来一貫して力を入れてきた結果です。

相談されたお客さんからは「今までにつくっためがねと全然違う！　とても快適で両目をしっかり使って字を読める」と涙を流しながら、何度も感謝されたといいます。

●お客さんが笑顔になる店であり続ける

ヨシダではめがねのほか、補聴器も販売しています。こちらもめがね同様「補聴器を買っていただくのではなく、よく聞こえる状態をお求めいただける」ようにと、補聴器相談会を毎月定期的におこなっています。補聴器は、購入後のアフターケアがとりわけ大切です。小さいので電池交換がしにくく、手入れも面倒で、メンテナンスが必要です。メカに疎いお年寄りには難儀な作業なので、相談会を開催しているのです。

あるとき、「補聴器をかけているとイマイチ音がよく聴こえない」、「好きなコンサートに行きたいが、ハウリング（ピーピーとなる音）があると、周りの人に迷惑をかけるかもしれない」などの理由で「音楽は好きだけど、コンサートには行きづらい」という相談がありました。

すると社員から、補聴器を使用している人に向けたコンサートを開催してみようという提案が出されました。会社の特長のひとつは、「いいと思ったら、すぐに行動」です。レストランを貸切り、すぐに開催しました。最初は一年に1回の開催でしたが、大変好評ですぐに満席になるため、最近は年に2回となりました。

補聴器の利用者にもききやすいように配慮されたピアノコンサート。

もちろん、コンサートの前には必ず映像音声で補聴器の具合をチェックして、聴こえづらい人には調整をおこないます。また、コンサート内容は毎回ジャンルを変え、いろいろな音楽を楽しめるようにしています。

ある日のピアノコンサートでは、映画音楽と叙情歌の音楽を演奏し、叙情歌のときにはピアノに合わせてお客さんも大合唱です。「青い山脈」や「ふるさと」は、やはり盛り上がります。その後、ランチをとって解散となります。たくさんのお客さんの笑顔に触れて、開催している社員も幸せな気持ちになれ、お客さんと共有できる時間にみんなが笑顔になります。

思い出は時を超え、受け継がれる

毎年6月10日は時の記念日です。以前はこの日に売出しをする時計店も多くありましたが、今は少なくなったようです。しかし、創業から一貫して「地域貢献」をおこなってきたヨシダにとっては、今も6月10日は地域の人に来てもらう大切な日になっています。この日は、朝からたくさんのお客さんが時計の電池交換に来店します。記念日を祝い、大切な時を忘れないよう、６１０円で電池の交換をしているからです。

また、ここ20年は、珍しい時計の公開展示も合わせておこなっています。そのためいつもなら来店しないようなめずらしいお客さんが大勢お店に来ます。近隣の幼稚園の園児たち（80名以上）は、ふだんは見られない貴重な時計がならんだ光景に、目を輝かせます。

店内には大きなからくり時計（世界に20台しかない屋内型）も展示されて、これは今でも動いています。この大きな時計が自分の育ったまちのシンボルとして子どもたちの思い出に刻まれ、いつの日かこの時計を思い出してくれることこそが会社の願いでもあり、地域と共に生きるという喜びでもあります。

お客さんの大切な時計が、展示品に加わることもあります。ある日、ご主人の形見の懐中時計をどのように残せるのかと相談に来たお客さんがいました。その時計は「金」製品だったため、通常の時計店では地金として買取り、金のみリサイクルすることが多くあります。話を聞いてみると「主人の形見なので、懐中時計についている一分銀の硬貨に思い入れがある」とのこと。「ならば、その一分銀のところだけを外してペンダントにし、懐中時計のみヨシダコレクションのなかに入れてはいかがですか」と提案したところ、とても喜ばれました。その後、そのお客さんは毎年6月10日時の記念日に、思い出の「懐中時計」に会いに来ています。

●「古きよき日本人の心」を守る

誕生日というのは、自分を祝う日ではなく、「産んでくれた親に感謝する日」と語る清春社長は、入社試験で親孝行として「親の足を洗う」ことを最終面接試験としています。「親に感謝できない人は、お客様にも感謝できない」と考えているからです。

今では、この最終試験が会社にとっての大切な行事となりました。社員の誕生日休暇です。始めたきっかけは、社員からの報告です。社長が朝礼で「親に感謝するために、自分の誕生日に親の足を洗うというすばらしいおこないがある」という話をしたところ、この話に感動した社員ふたりがその日のうちに親の足を洗い、翌日、社長に報告しました。「親が本当に喜んでくれて、それを見た自分のほうが嬉しかった」という報告を受けて、清春社長はすぐに行動した社員の気持ちに感動すると同時に、社員自身が喜んでいることに驚いたのです。

誕生日休暇の条件は、どんなことでもいいから親孝行をすることです。社員はなんらかの親孝行をして、その内容と感想をかんたんなレポートにまとめます。子どもの運動会や学校行事などのために休暇の取得をすすめるのも、家族を大切にしてほしいという清春社長の考えがあってのことです。親が必死に働く姿を通じて、苦しいなかにも輝きがあることを子どもは理解するというのが、清春社長の実体験です。社長は、社員自身の幸せが、お客さんを満足させる原点だと確信しています。

「祖父母や両親の働く姿を見ていた経験が大きな財産」という吉田清春社長。世代をつなげていくことに力を注いでいる。

生まれ育った故郷を美しいまちとして残し、職住一体の環境で次の世代へつなげていきたい。時計塔は失われてもヨシダは「心の時計塔」として地域に根ざしてまちを見守り続け、維持する活動を惜しみません。

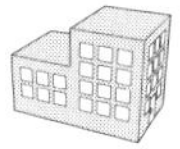

取材を終えて

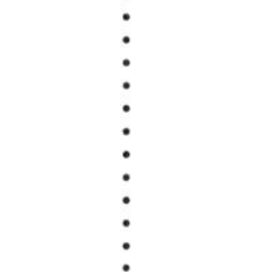

日本全国には、個人事業者と会社を足した企業総数が３８２万あります。世界各国で違いますが、日本における大企業の法的定義は、（驚くかもしれませんが）小売業においては従業員数が51人以上、サービス業・卸売業においては１０１人以上、そして製造業・建設業・運輸業等においては３０１人以上となっています。従業員数が何万人といった企業だけではなく、想像以上に小さな規模から、大企業と定義しているのです。

企業総数を規模別にみると中小企業が３８１万、大企業が１万ですから、大企業とよばれる会社は、企業全体では０・３パーセントしかないのです。テレビや新聞のニュースや広告に日常的に登場するような、誰でも知っている巨大企業の数は、さらに少なくなります。

従業員数１万人以上の巨大企業を抽出してみると、わずか２６４社しかなく、その割合はなんと０・００７パーセントです。

一般的に大企業というのは投下資本が大きいこともあり、大きな市場をターゲットにした活動をしています。これは、投資対効果という面で考えれば当然のことです。また、大企業の多くは株式を市場に公開しているということもあり、株主の意向に左右される傾向が強くなり、そのため総じて業績優先・本社優先の経営となりがちです。ですから、どうしても、業績の向上に貢献しないと思われる小さな市場や手間暇かかる面倒なビジネスを敬遠したり、後回しにしがちなのです。

逆に、地域や社会の課題解決に積極的に取り組み、地域や社会をささえている企業の大多数は、決して誰もが知るような大企業ではなく、地域社会に密着した経営をおこなう中小企業なのです。私たちの住んでいる地域社会に立地し、地域社会を雇用面はもとより生産面や生活面等でささえているのは、圧倒的多数派である中小企業ということです。

こうした中小企業の存在価値、すなわち「会社力」をとりわけ感じる場面は、3つ程あります。

ひとつ目は、多種多様な産業集積のある大都市圏においてではなく、地方圏、なかでも小さな市町村や過疎といわれる地域においてです。

ふたつ目は、さまざまな可能性のある大きな市場においてではなく、小さな市場、とりわけ極小で、一般的にはやりたくない、それどころか、採算面だけで考えれば、正直不採算といった分野においてです。

そして3つ目は、本来なら公共サービスが機能すべきと思われるような社会的弱者の声なき声に対して活動する分野においてです。

企業はだれのものかという議論があります。実は、株主のものでも経営者のものでも、さらには社員のものでもなく、「社会皆のもの」です。なぜなら、どんな企業においてもその活動を通じて、道路や橋、また上水道や下水道、さらには行政や病院、エネルギーなどといった社会皆の財、つまり公共財をふんだんに利活用し生存しているからです。また、これら公共財なくして、

1社では1日たりとてその生産販売活動はできないからです。

そう考えたとき、どんな企業であれ、本業を通じては当然ですが、それ以外でもあらゆる機会において、できる限りの地域貢献・社会貢献活動をおこなうことが当然のこととなります。

うれしいことに、全国各地には、経営の判断基準を、自利・損得ではなく、利他や正しいか・正しくないか、自然か・不自然か、といった判断基準で、地域や社会に積極的に貢献している企業が少なからずあります。本書で取り上げさせていただいた企業は、まさにそうした企業です。

「ここまでやるのか……」とか「こんなにも心優しい企業があったのか……」と驚くほどです。日本の「会社力」が光る企業です。そうした会社を知ることは、このシリーズのテーマ「ニッポン再発見」になるわけです。誇りに思います。

本書の執筆のため、私も日程の許す限り、社会人学生に同行し企業の現場を訪れました。こうした企業の存在により命と生活をささえられている人々の存在を知り、取材をしながら目頭を何度熱くしたかわかりません。

本書の執筆がはじまった当初、研究室の皆で収集した「地域をささえる」に該当すると思われる企業数は、100社を超えていました。しかし、今回は紙面等の制約等があり、地域や業種や内容により、20社とさせていただきました。

本書執筆のため社会人学生は3人一組となり、現地調査に全国各地に出かけるとともに、その原稿書きに悪戦苦闘のようすでした。それは、求められる原稿の水準が、かなり高かったことも一因でした。しかしながら、何とか納期どおりに全グループメンバーがまとめ上げられたのは、社会人学生の「約束」という使命感と、本書が間違いなく世のため人のためになる書物と確信したからです。

加えていえば、社会人学生の原稿をこと細かく、何度も何度もチェックし加筆修正してくださった二宮祐子氏の尽力が大きかったと思います。

最後に、本書の執筆のための取材や資料提供等に協力してくださったばかりか、掲載を快く承諾してくださった企業様に、厚くお礼申し上げます。

本書に掲載させていただいた企業がこれからも着実に成長発展するとともに、こうした企業が日本全国に続々と増えてくれることが、執筆者一同の切なる願いです。

なお、この場をお借りし、この本の企画をしてくださったエヌ・アンド・エス企画の稲葉茂勝社長の激励に対し、厚くお礼申し上げます。そしてこの本を発行してくださったミネルヴァ書房の杉田啓三社長に深く感謝申し上げます。

2017年2月

法政大学大学院政策創造研究科教授　坂本光司

（人を大切にする経営学会会長）

①**株式会社モルティー**
②【社長】福地道昭
③1973年
④静岡県静岡市駿河区池田537-10　小鹿店:駿河区小鹿393-11／第二東名店:葵区下1144-1
※井上富紀子／小澤知之／山内忠行

①**ミチナル株式会社**
②【社長】山下喜一郎
③2015年(親会社　山一商事株式会社　創業1925年)
④岐阜県高山市一之宮町字下渡瀬177番地
※知野進一郎／服部義典

①**たんぽぽ介護センター**(ステラリンク株式会社)
②【社長】筒井健一郎
③1992年
④愛知県一宮市森本1丁目20番15号
※後藤吉正／林正人／弓場重裕

①**株式会社ビレッジ開発**
②【社長】下村幸真
③1974年
④愛知県安城市三河安城本町2丁目7-13
※黒崎由行／鈴木敏子／野口具秋

①**びわこホーム株式会社**
②【会長】上田裕康　【社長】高木光江
③1995年
④滋賀県甲賀市水口町名坂1033-7
※川副達也／崔楚含／藤井正隆

①**医療法人誠仁会 りょうき歯科クリニック**
②【理事長】領木誠一
③1993年
④大阪府東大阪市森河内東1丁目29-9
※今井兼人／山田悟

①**株式会社とくし丸**
②【社長】住友達也
③2012年
④徳島県徳島市南末広町2-95 あわわビル4F
※金津敦子／柴田弘美／西森義人

①**四国部品株式会社**
②【社長】片山誠治
③1988年
④本社:徳島県阿波市市場町市場字岸ノ下232-1
※久保田直子／滝川裕美／桝谷光洋

①**有限会社アサノ設備**
②【社長】浅野幸雄
③1980年
④愛媛県八幡浜市保内町須川209-3
※石井智子／石川勝／村田浩康

①**ヨシダ(株式会社吉田時計店)**
②【社長】吉田清春
③1885年
④福岡県北九州市門司区中町1番地21号
※垣内沙織理／瀬戸佳／吉田奈都恵

この本で紹介している会社一覧(掲載順)

①社名　②代表者　③創業および設立年　④所在地　※取材および執筆担当者(五十音順)

①稚内信用金庫
②【理事長】増田雅俊
③1945年
④北海道稚内市中央3丁目9番6号
※岡野哲史／島太郎／勅使川原洋子

①株式会社阿部長商店
②【社長】阿部泰浩
③1968年
④宮城県気仙沼市内の脇2-133-3
※安藤貴裕／上野いづみ／沈浩楠

①有限会社フタバタクシー
②【社長】及川孝
③1959年
④宮城県仙台市宮城野区日の出町2-3-18
※伊丹雅治／水沼啓幸

①株式会社アポロガス
②【社長】篠木雄司
③1971年
④本社:福島県福島市飯坂町字八景6-17
※小寺敬二／近藤博子／本田佳世子

①株式会社柏屋
②【社長】5代目 本名善兵衛
③1852年
④福島県郡山市富久山町久保田字宮田127-5
※岡野清／中嶋敏子

①有限会社おづつみ園(グループ会社:株式会社茶夢)
②【社長】尾堤宏
③1968年
④埼玉県春日部市粕壁2-1-1
※阿久津早紀子／斉藤和邦／清水洋美

①株式会社福島屋
②【会長】福島徹　【社長】福島由一
③1971年
④東京都羽村市五ノ神3-15-1
※徳丸史郎／根本幸治／李辛田

①学校法人柿の実学園 柿の実幼稚園
②【園長】小島澄人
③1962年
④神奈川県川崎市麻生区上麻生7-41-1
※岩崎龍太郎／杉野直樹／三木田尚美

①株式会社マエカワケアサービス
②【社長】前川有一朗
③2002年
④神奈川県横須賀市佐原5-22-5
※春木清隆／坂東祐治／矢野和美

①株式会社菓匠Shimizu
②【社長】清水慎一
③1947年
④長野県伊那市上牧清水町6608
※井上竜一郎／王坤／福満景子

※この本のカバーでのイラストの配置は、掲載している会社の所在地とは一致していません。

編集後記

２０１４年11月のある日、東京の中央線国立駅前にあるこどもくらぶ編集部に、京都からミネルヴァ書房社長の杉田啓三氏が来訪。こどもくらぶの編集者十数名が待ち構えていた。全員が一押しの企画書を準備して。「シリーズ・ニッポン再発見」の企画会議だ。編集部には、銭湯愛好家の女性がいる。タワーを見上げ、登って街を見るのが大好きだという20代の女性もいる。それぞれに自らの企画をアピールした。

杉田社長は、一つひとつしっかり聞いて、質問や意見を述べた。提出された数十の企画から、まず5つが決まった。マンホール、銭湯、タワー、トイレ、橋は、みんな若い女性が出した企画だった。そして、説明にはどれもロマンが感じられた。

さて、会社だ。なかでも会社は、以前に坂本光司先生の本を編集したことのあるベテランの編集者からの提案だった。杉田社長は、「会社を再発見してほしい」という編集者の言葉に、すぐに反応。企画が通ったのだった。

編集者は、すぐに坂本先生の研究室を訪問し、趣旨を説明した。その際には、これまでの先生の著書とは違う「ニッポン再発見」という切り口でまとめることをご依頼し、先生の賛同を得た。先生からは、今回は自分で書くのではなく、大学院のゼミ生たちに実際に取材してもらいながらまとめていくことを、ご提案いただいた。

果たして、ここに完成したのだが、読者の方々にはあらかじめお断りしておきたいことがある。今回は、本シリーズの、銭湯などとは多少異質の本になっていること。それでも、ここに紹介する会社は、日本の魅力を体現していることを。

２０１７年2月

責任編集　こどもくらぶ

《著者紹介》

坂本 光司（さかもと・こうじ）

1947年静岡県（焼津市）生まれ。浜松大学教授、福井県立大学教授等を経て、現在法政大学大学院政策創造研究科教授、同静岡サテライトキャンパス長。専門は中小企業経営論、地域経済論、地域産業論、福祉産業論。これまで7500社以上の企業等を訪問し、調査・アドバイスをおこなう。著書に『日本でいちばん大切にしたい会社・2・3・4・5』（あさ出版）、『小さくてもいちばんの会社』（講談社）など70冊を超える。「人を大切にする経営学会」会長、「日本でいちばん大切にしたい会社大賞」審査委員長。

法政大学大学院政策創造研究科　坂本光司研究室
http://yaplog.jp/sakamoto/

編集：こどもくらぶ（二宮祐子）
編集協力：津久井恵
制作：㈱エヌ・アンド・エス企画（吉澤光夫、石井友紀）

※この本の情報は、2017年2月までに調べたものです。今後変更になる可能性がありますので、ご了承ください。

シリーズ・ニッポン再発見⑥
日本の「いい会社」
――地域に生きる会社力――

2017年4月20日　初版第1刷発行　〈検印省略〉

定価はカバーに
表示しています

著者　坂本光司&法政大学大学院坂本光司研究室
発行者　杉田啓三
印刷者　和田和二

発行所　株式会社　ミネルヴァ書房
607-8494　京都市山科区日ノ岡堤谷町1
電話代表　(075)581-5191
振替口座　01020-0-8076

ISBN978-4-623-08038-0
Printed in Japan